晴れ、そしてミサイル

戦場カメラマン
渡部陽一

Discover

はじめに

キーウの駅で抱き合う家族

次のページの写真は、ウクライナの首都、キーウ中心部にあるキーウ中央駅で撮影した写真です。

日本でいうなら東京駅のような、巨大な駅のプラットホーム。花束を持った女性たちの姿が見えますね。その隣には、男性と少年が手をつないでいます。家族でしょうか。周りには大きなスーツケースがいくつもあります。まるで旅行帰りの家族のようです。しかし、彼らはみんなで楽しく旅行に出かけていたわけではありません。

キーウ中央駅で撮影した再会の場面

女性や子どもたちは、住んでいた街にようやく帰ってきた。

男性は、花束を抱えて、ホームで帰りを待っていた。

これは、再会の場面です。


2022年2月24日、ロシア連邦がウクライナへの軍事侵攻を開始しました。

圧倒的な兵力でウクライナを制圧できると確信していた、ロシアのプーチン大統領。

しかし、ゼレンスキー大統領率いるウクライナ軍の徹底抗戦や、ウクライナを支援する欧米諸国の動きによって、戦争はさらなる長期化の様相を呈しています。


僕はこれまで、何度もウクライナに足を運んできました。

2022年9月の上旬から半ばにかけて、僕はウクライナに入り、取材を行いました。

軍事侵攻が始まってから、4度目の取材です。

そのとき僕が見たのは、日常が戻ってきたキーウの街でした。

ホームでは、父親世代の男性たちや、若いお兄さんたちが、電車の到着を今か今かと待っていました。彼らはみな18歳から60歳の男性。戦時下のウクライナで戦闘要員の対象となり、出国を禁止されていた人たちです。

電車から女性が降りてきます。

男性が駆け寄ると、二人は抱き合ってキスをしました。

続々と電車から降りてくる、女性や子どもたち、おじいちゃん。それからペットの姿もありました。戦争が始まってから、隣の国ポーランドや、その隣のドイツといった他の国に避難していた人たちが、キーウに戻ってきたのです。巨大なスーツケースを複数抱えている人たちが多く、乗客同士で荷下ろしを手伝う、温かな場面もありました。

ホームで再会した家族は、抱き合い、涙を流し、記念に写真撮影をしています。

駅のホームでキスをする二人

「新しい季節」と書かれたTシャツを着る男性

中にはこんなTシャツ姿の男性も。

「新しい季節」。偶然でしょうが、日常が戻ってきたこの景色を象徴し、お祝いするような言葉です。

ウクライナは親日家が多いことで知られています。IT産業が発展しているため、ビジネスで日本を訪れたことのある人も多い。国際結婚をして、現在、ウクライナに暮らしている日本人もたくさんいらっしゃいます。

僕も、ウクライナで「日本語の漢字やひらがな、カタカナで名前を書いてほしい」と言われたことがあります。キリル文字とは違った、日本語らしい独特のシルエットに惹かれるのでしょうか。

戦時下の意外な日常

軍事侵攻が始まってから半年以上が経っていました。依然としてウクライナの東部では激戦が続いていましたが、この頃になると首都キーウのショッピングモールでは多くの店が営業を再開しました。

次のページの写真は、ブランドショップが並ぶショッピングモールです。とても戦争中とは思えない光景ですね。商品がたくさん並んでいて、物の流れが活発であることもわかります。休日になると、店は多くの買い物客で溢れていました。日本でいうと、表参道や横浜といった街を連想させます。

12ページの写真は、大通り。たくさんの車が行き交っていますね。

この時期、朝早く公園に行くと、仕事に行く前にランニングをする人たちをよく見かけました。

地下鉄に乗って職場に向かい、お昼はちょっとおしゃれなカフェでランチをする。夕方、家に帰ってきたら、家族と一緒に、また散歩。夜はレストランで食事をしたり、オペラを見に行ったり。休日には結婚パーティーを行う新婚夫婦の姿も。

首都キーウのショッピングモール

車が行き交うキーウの大通り

ウクライナの人たちは、家族や子どもたち、友人と過ごす時間を、とても大切にしています。離れ離れになるしかなかったこの数ヶ月間は、どれほどつらい期間だったでしょう。街中が再会の喜びで溢れているように、僕には見えました。

公園のベンチでは、恋人たちが語り合っています。僕が取材に出かける朝、「ああ、カップルがいる」と見かけて、夕方取材から帰ってくると、まだベンチで同じ二人が話していた、なんてこともありました。

ウクライナの日常。
家族で一緒に過ごす。仕事に行く。おいしいものを食べる。友達や恋人と語り合う。
特別ではない、ウクライナの優しい日常がそこにはありました。

戦争とふつうの日常が共存する日々

僕が取材を終えて帰国したのが、9月半ば。

翌月、10月10日。このキーウ中心部で、ミサイル攻撃と見られる爆発が起きました。

表参道のようなショッピング街に。
通勤や観光で、多くの人が行き交う駅に。
家族が、恋人たちが、優しい時間を過ごす公園に。
ミサイルが撃ち込まれた。

それは報復攻撃でした。その2日前に、ウクライナ南部クリミア半島とロシア本土をつなぐ「クリミア大橋」で爆発があり、橋の一部が崩壊。プーチン大統領はこれを「ウクライナ特務機関によるテロ」と断言。報復として、キーウ中心部のほか、リヴィウなどの地方都市を攻撃したのです。

国外に退避していたウクライナ市民が徐々に帰国している状況も摑んだ上で、あえて、一般市民が集まる中心部を狙った。ロシア軍にしてみれば「まだまだやるぞ」と己の力を誇示し、ウクライナ軍に揺さぶりをかける意味合いがあったとも読み取れます。

僕はこれまで戦場カメラマンとして、世界中のさまざまな戦地を取材してきました。

戦争というと、昔の戦争映画のような映像をイメージする方も多いでしょう。家や建物が爆破され、そこに暮らしていた人たちの姿はほとんどない。逃げ遅れた人たちが「助けてくれ」と叫んでいる。跡形もなく荒廃した道を戦車が行き、兵士たちが銃を持って向かい合う。そんな場面。

ところが実際に戦争が起きている国に入ってみると、拍子抜けすることがよくあります。

そこにはあまりにふつうの、日常の光景が広がっているからです。

人々は戦争の最中であっても、仕事をしたり買い物をしたりしていて、朝から晩まで緊迫しているわけではありません。

警報が鳴る。

今、どこかでロケット弾が撃ち込まれている。

だけどひとまず、大丈夫そうだから、ご飯を食べよう。

そうだ、大家さんに家賃を払わなきゃ。

ほら見て、きれいな夕日だね。


——不思議でしょう。ひょっとしたら、今にも爆弾が落ちてくるかもしれないのに。

だけど、これが現実なのです。

どこもかしこも緊迫した戦いの中にあるのではなく、戦いとふつうの日常が共存している。


だから人々は、戦争下でも生きていける。

そして戦争は長く、長く続いていく。

日常の中で。

それが、僕が見てきた戦場の「本当」でした。

この本では、僕たち一個人が平和のためにできることを考えていきたいと思っています。

これまで、イラク戦争、ルワンダ内戦、コソボ紛争、チェチェン紛争、ソマリア内戦、アフガニスタン紛争、コロンビア左翼ゲリラ解放戦線、スーダン・ダルフール紛争、パレスティナ紛争など、さまざまな戦場で取材をしてきました。

そして、戦場で暮らす人々の生きた声に耳を傾けてきました。

1章では、冒頭でお話ししたような、ウクライナをはじめとした戦場での取材から見えてきた、戦争の実際の姿をお伝えします。2章では、これまでの紛争地域での取材や、日本でも起きているテロ事件を踏まえながら、なぜ戦争が起きるのかについて考えていきます。

3章から5章では、平和とは何かを考え、そのために僕たち個人ができることをお伝えしていきます。そして、6章では、日本の現在について振り返っていきます。

日本にいながらでも、平和のためにできることはあります。世界を知ること、世界とつながることです。それらについても、これまでの僕の経験をもとに具体的にお伝えしたいと思います。

晴れ、そしてミサイル　目次

2章 なぜ戦争が起きるのか
――貧困を発端にした奪い合いと、孤独が引き起こすテロ

3章 平和とは選べること
――孤独に溺れる前に、旅に出よう

4章 平和のためにできること ①世界を知る

6章 日本の現在地点を知る

おわりに

1章

戦争は日常の中にある

——僕が見てきた、戦場の「本当」

イルピン、ブチャから首都キーウに搬送されたロシア軍の戦車

実際の戦場は、戦争映画のような非日常ではなく、日常の中に存在しています。戦争の始まりも戦争の悲惨さも、ふつうの暮らしと共存しています。この章ではウクライナの取材から見えてきた戦争の本当の姿を見ていきたいと思います。

戦争が始まる！　兆しはガイドさんの「生きた情報」から

ロシアがウクライナに軍事侵攻を行い、戦争が始まったのが2022年2月。しかし、ロシアとウクライナの関係はこの軍事侵攻で突然悪化したわけではありません。

2014年、ロシアはウクライナの領土だったウクライナ南部・クリミア半島を一方的に併合しました。ウクライナはこの併合に異議を唱え、アメリカやヨーロッパ諸国もロシアを強くバッシングしたものの、現在に至るまでクリミア半島はロシアが実効支配を続けています。

僕が初めてウクライナを訪れたのも、2014年です。クリミア併合からロシアによる軍事侵攻が起きるまでの8年間、ウクライナ東部の一部地域では、ウクライナの

ロシア
ベラルーシ
ポーランド
チェルニーヒウ
チョルノービリ
ボロディアンカ
ブチャ
キーウ
スームィ
ハルキウ
ドンバス地方
ドネツク州
ルハンスク州
リヴィウ
イジューム
クラマトルスク
スラビャンスク
スロバキア
トランスニストリア
(沿ドニエストル)
ウクライナ
ドニプロ川
ハンガリー
ムィコライウ
ザポリージャ
モルドバ
ヘルソン
ルーマニア
マリウポリ
オデーサ
クリミア
半島
黒海
2月24日以前からの親ロシア派の支配地域
クリミア半島は2014年3月にロシアが併合

地図:ロシアの侵攻を受けたウクライナの主な都市

国軍と親ロシア派の武装勢力との間で内戦状態になっていました。不安定な政情の中で生きるウクライナの人たちを、僕は追い続けてきました。

取材で僕が頼りにしているのが、現地のガイドさんです。世界のさまざまな国に、信頼できるガイドさんがいます。取材といった形式でなくても、たびたび食事をしたり、クリスマスなどの行事の際にメッセージを送ったりしています。

ウクライナにも、親交のあるガイドさんがいました。2022年に入った頃、そのガイドさんとリモート通話で話していると「最近『特別軍事作戦』というキーワードを日常の中でよく耳にするようになった」と情報が入りました。ガイドさんが住んでいるのは、ウクライナの南東部に位置するドンバス地方です。2月、軍事侵攻が始まったときにロシアがまず攻め入った場所でした。

さらに、ロシア・ウクライナの両国と隣接する国・ベラルーシに住んでいる方からも「合同軍事演習のために、大量のロシア軍がベラルーシの領内に入ってきている」と聞きました。現地に住む一般の方が買い物をしていたら、ロシア軍のマークが入った戦車や兵士たちが移動していくのを見たというのです。

当初、ロシアがウクライナに軍事侵攻をして、戦争が始まるということはないだろうと僕は踏んでいたのですが、こうした情報が次々と耳に入ってくるので「これはひょっとして」と思い始めました。

2月中旬にはロシアのプーチン大統領が、演説などの中で「核兵器」という言葉を頻繁に使い、核戦力を保持していることをアピールするような動きが見られます。

さらにロシア軍が、ベラルーシに極超音速ミサイルを配備したという知らせも入りました。極超音速ミサイルとは、音速の5倍（マッハ5＝時速約6000km）を超える速さで飛ぶミサイルのことです。しかも弾道ミサイルと違って自由に軌道を変えられるため、どこが標的なのかがわかりづらく、迎撃が難しいといわれています。

ベラルーシとウクライナの国境から、ウクライナの首都キーウまでは約100kmしか離れていません。日本でいうと、東京から茨城県の水戸までがおよそ100kmです。そんな場所に、ロシア軍は極超音速ミサイルを配備したのです。

「特別軍事作戦」「核兵器」「極超音速ミサイル」の3つのキーワードが揃ったとき、僕は確信しました。

戦争が始まる。

この予感はジャーナリストや戦場カメラマンといった国際情勢に強いプロフェッショナルによる、整理された情報ではなく、ふつうに生活する人たちからの「生きた情報」によってもたらされました。

戦争が始まる予兆は、何気ない日常の会話の中にあります。これは他の戦争にも共通するところです。病院の待合室で話を聞いた。看護師さんが治療をした。普段使わない薬が病院に運ばれてきた。見慣れない外国ナンバーの乗用車を見かけた。知事が突然いなくなった。政府からいきなり食料を支給された……。

こうした知らせが入ると「戦争に向けた準備が始まっている」と気づきます。すると僕も、戦場取材の準備を始めなくてはなりません。ガイドさんと連絡を取り合ったり、ビザ申請をしたり、入国する方法を考えたりします。

予感は現実となりました。2022年2月24日、ロシアのプーチン大統領は「特別軍事作戦」を行うと宣言。ウクライナへの軍事侵攻を始めました。

「動くものはすべて撃て」大量虐殺の跡

ウクライナ戦争が他の戦争と大きく異なるのは、全面的な侵略戦争であることです。ロシア側は開戦時から世界に対して、攻撃対象は軍事施設や通信施設、軍部に関係した物流のルートなどピンポイントであり、一般市民は殺戮には巻き込まれないと発信していました。

しかし実際は、一般市民も含めた無差別な殺戮、ジェノサイドが行われました。戦争が始まった直後、首都キーウに近いイルピン、ブチャ、ホストメルで大量虐殺が行われました。

僕は2022年5月の上旬にこの一帯に取材に向かいました。ロシアがウクライナ

ロシア軍に攻撃され、廃墟となった一般市民の家

に軍事侵攻を開始してから初めての取材です。

　すると街中には、侵略戦争による残虐な傷跡が、むき出しのまま残っていました。

　右の写真に写っているのは、一般市民の家が攻撃され、廃墟となっている姿です。ロケット弾などが撃ち込まれ、家がまるごと焼き尽くされてしまっていました。熱によって鉄板の屋根がゆがみ、家の中のものが灰になっていることから、かなりの高温になったことがわかります。集会所など、街の人たちが集まる場所も攻撃され、破壊されました。

　幹線道路に点在していた食堂やレストランもまた、攻撃を受けました。食堂やレストランを利用するのは一般の人たち。軍部に関わりのない、一般人が標的になっているのです。

　そして、銃撃によって破壊された車。

　その街に暮らしていた人たちが避難をするための乗用車が、まるで蜂の巣のように

攻撃を受けたレストラン

銃撃を受けて破壊された車

無惨にも破壊されていました。「動くものはすべて撃て」とでもいわんばかりの残虐性。撃たれ、破壊されたあとに燃やされた乗用車は、大部分が溶けていました。住民が運転し、避難している間に攻撃を受けたと想像できます。その街の暮らしを根こそぎ奪い、壊滅させる焦土作戦のようなやり方だと僕は感じました。

遺体の数、殺害された状況や拷問の跡、女性や子どもたちが暴行を受けた傷跡、こうしたものからジェノサイドの痕跡が見えてきます。戦ったことによって殺害されたのではなく、後ろからの射殺。兵士ではなく避難してきた人が、それも抵抗できない子どもや老人までもが殺されている。

一般市民を狙った無差別攻撃や大量虐殺は、国家の力で情報統制が行われたり、さまざまな国の利権が絡み合う外交の中で、その事実が伏せられてしまったりすることがあります。**その事実を明らかにし、写真という形で戦争犯罪の証拠を集めるのが、僕たち戦場カメラマンの役割のひとつです。**

ただし、今回のウクライナ戦争では、残虐なジェノサイドの跡が至るところに生々しく、むき出しのままで残っていました。「第一次世界大戦の頃は、こんなふうに酷い戦い方だったのかな」と思わせるような残虐性でした。特にウクライナへの侵攻を始めた初期のロシア軍の戦い方は、見せしめによってウクライナの住民を抑え込むというやり方でした。

だから、あえて住民に見える場所で人を拷問したり、殺戮したり、殺害した遺体をわざと道に放置するなどした。5月に僕が取材に入った時点では、ジェノサイドの跡が隠されることなく生々しく残っていたのです。

戦場カメラマンとして見てきたジェノサイドの現実

実は、僕が戦場カメラマンとなったきっかけには、ジェノサイドと深い関わりがありました。

大学在学中の1993年。アフリカのジャングルで少年ゲリラ兵10人に遭遇したの

ロシア軍に破壊された車の中

です。当時、ツチ族・フツ族の衝突によるルワンダ内戦が拡大し、国連も介入できない状況下、100万人を超える民族大量虐殺が行われていました。

ジェノサイドが行われていること、それもこんな幼い少年が関与していることを目の当たりにして、僕は震えました。そして、この惨状を発信するために戦場カメラマンとして、以降は世界中の戦場を飛び回ることになります。

あれから約30年。またこうして残虐な殺戮が行われた。

僕は侵略戦争の恐ろしさに震えました。

なぜ、こんなことが許されるのか。

国際刑事裁判所（ICC）は戦争が始まった直後から、日本を含む40か国以上の加盟国の付託を受けて、ロシアによる戦争犯罪について捜査を行ってきました。2023年3月にはプーチン大統領に逮捕状を出しています。しかし、ロシアはICCの加盟国ではないので、無視している状況です。

ロシアのウクライナ侵攻が、国際法に違反していることは明らかです。しかし、ロシアは国連の中で拒否権をもつ常任理事国ですから、実際は制裁するのは難しい状況にあります。

そもそも国連や国際法は果たして機能しているのか、といった問題は昔から指摘されてきました。国連の機能はすでに崩壊し、誰もロシアを断罪できないことをわかったうえで、ロシア軍は容赦なく攻撃を続けました。

廃墟となった家屋の中で撮影した動画があります。

▶動画　ウクライナ①

これを見ると、5月中旬の段階では攻撃の傷跡がむき出しになって残っていることがわかるはずです。すべて破壊され、溶かされている。そして、そこにはロシア軍がここにきたことを示す「V」のマークがありました。

このマークは、街中でもよく見かけたものです。避難した人たちが家に残したまま

破壊されたロシア軍用車両にも「V」マークが

の車に、「V」や「Z」「O」などのマークが書かれている。ロシア軍が書き残していったものだと思われます。ロシア軍が「我々はここまできた」「ここは自分たちの管理下にある」といった印として「V」や「Z」「O」のマークをいたるところに残していったのです。

「V」や「Z」の意味は正確にはわかりません。どちらもロシア語を表記する文字にはありませんが、ロシア軍の車両や装備などに、ウクライナへの侵攻を支持するシンボルとしても使われています。

こうしたマーキングは、他の戦争でも見ることがあります。絵や記号を残して現地の人たちに「俺たちはここまできたぞ」とメッセージを送り、自分たちの兵力を誇示するのです。

大都市に取材に行くと、これまでに亡くなった兵士たちの顔写真が壁一面に飾られていました。

2014年から続く内戦時代以降に亡くなった人たちの写真が掲げられています。

およそ縦20ｃｍ、横15ｃｍの大きさの写真が、壁一面に何千枚、何万枚とずらっと飾られている。

こんなに人が亡くなったのか。

見上げると唖然とします。

みんな日本の若者と変わらない、友達や恋人を大事にしてよく笑う、優しい青年たちです。取材で話を聞いていると、「こんなことを考えているんだ。案外、ふつうの青年だな」と温かい気持ちになります。

そんなふつうの青年が、次に取材に行ったら、もう亡くなっていることがある。

前回取材した方にもう一度お話を聞こう、と何気なくお宅を訪れたら「ああ、あの人は誘拐されたんです」「あの人は拷問を受けて殺されたんですよ」と現地の人が教えてくれる。

「え？　あの方が？　前回ここにきたときは、あんなに元気だったのに」

壁一面に飾られた亡くなった兵士の顔写真

人が亡くなるとはこんなにあっけないものなんだ。あんなに温かい家族や友人に囲まれて、みんなで仲良く暮らしていた人が、こんなふうにいなくなってしまうんだと思うと、震える思いがします。

ここは戦争博物館？　戦車と記念撮影をする人たち

さて、２０２２年７月に再び取材でウクライナを訪れると、また少し街の様子は変わっていました。

まずはこの動画をご覧ください。

▶動画　ウクライナ②

7月、首都キーウの中心部にある広場で撮影したものです。市民が大勢行き交い、外国人も訪れる観光スポットのような場所でもあります。そこに、ジェノサイドが行われたイルピン、ブチャなどから運び込まれたロシア軍の戦車や、装甲車がびっしり並んでいます。

戦車の横には、大型のミサイル。実際に撃ち込まれたものです。

イルピン、ブチャに残されていたロシア軍の兵器を、ウクライナ国軍は回収し、内容を分析しました。ロシア軍の使っている兵器は旧式のものや、ソ連時代からのものがほとんど。それでも19万人という圧倒的な兵力、戦術で街を破壊していった。そうした物証を、軍が保管するだけでなく、当時、市民に公開していたのです。

ヨーロッパから最新の兵器を送ってもらっているウクライナ国軍と比較して、ロシア軍がこうした旧式の兵器を使っていることを知らせつつ、「次は自分たちの番だ。これから占領された土地を奪還して、ウクライナの国土をみんなで守っていくぞ」と士気を高める狙いもあったのでしょう。

その頃、少しずつ日常が戻りつつあったキーウ。広場にいた人たちは、まるで戦争博物館を訪れたかのように、興味深そうに見学していました。

ふつう、戦場の最前線に行かなければ、戦車や兵器に遭遇することはありません。そうした兵器が山ほど広場に積まれているというのは、ウクライナの人たちにとって強烈な体験になったのでしょう。戦車や武器を初めて見た人も多かったのか、中をのぞいたり、携帯電話で記念撮影をしたりしている人の姿も見かけました。

広場に集まった人たち数名に話を聞きましたが、みんな「我々は団結して必ず勝利する」「必ずウクライナの国土を守る」と話していました。激しい銃撃戦やジェノサイドが行われたウクライナ南東部で拘束され、今も拷問されているかもしれない人たちを助けるために、同じウクライナ人としてできる限りのことをやっていくといった雰囲気で、停戦や休戦といった言葉はありませんでした。

前線ではロシア軍が目の前にいて、いつ殺害されてもおかしくない状況です。一方、都市部のキーウや、西部のリヴィウにはロシア軍がいないので、ウクライナ軍の管理下で人々は生活ができている。東西ではそうした温度差もありました。

ただ、どの戦争においても共通するのは、戦争が起きている国は絶えず緊張状態にあるのではなく、攻撃があって、日常が戻って、また攻撃があって……とリズムがあるということ。激しい戦闘がドカンと起きたあと、一定期間が経つと少し落ち着いてきて、また弾ける。こうした揺り戻しがあるのはよくあることなのです。

日常が戻ってきて、避難していた人たちが次々と戻ってきた10月、再びキーウにミサイルが撃ち込まれることになったのが、まさにその「再び弾けた」瞬間でした。

兵士で溢れるキーウの街

都市部のキーウは、ウクライナ軍の管理下で、普段と近い生活ができている。しかし、本当の意味で自由に暮らせるわけではありません。

破壊されたロシア軍の軍用車両

戦争が始まってからというもの、都市部のインフラは不安定になり、突発的に停電になったり、水が出なくなったりすることがたびたびありました。
またキーウの街はウクライナの兵士で溢れていました。日本でいうと東京駅や日比谷公園のような人が大勢集まる場所に、武器を持ち、全身武装した兵士たちがうろうろして、あちこちで検問をしている様子を想像してみてください。
街を好きに歩いて、買い物をしたりお茶を飲んだりといった暮らしを送ることはできるものの、常に人々が心の中でどこか不自由な思いを抱いている様子がイメージできるでしょう。
人々がふつうに暮らしている街を兵士が行き交う風景は、ウクライナに限らず、戦時下にある国に共通して見られる自由を奪われた風景のひとつです。

ただし、ウクライナの取材で特徴的だったことがあります。女性兵士の姿を多く見かけたことです。


たとえば、次のページのような地下鉄の駅。

こうした地下鉄の車両に女性兵士がたくさん乗ってきて、乗客に不審者がいないか確認し、身体検査やパスポートの確認をしていました。ボランティアや義勇兵など、さまざまな方法で志願した女性兵士が、ウクライナを守るために自分たちにできることをやっていこうとする意志を僕は感じました。

女性兵士の素顔はふつうのお母さん

キーウの取材中、こんなことがありました。

取材を終えて、滞在していた家に戻ろうとしたところ、道に迷ってしまいました。すると困っている僕を見かけたウクライナ国軍の女性兵士が、「どうしたんですか」と声

キーウ中心部にある地下鉄キーウ中央駅

をかけてくれました。年齢は30歳前後。穏やかで優しそうな人でした。「迷ってしまった」と伝えたら、わざわざ自分の車を出して、僕を家まで送ってくれたのです。

車に乗せてもらっている間、彼女といろんな話をしました。彼女はウクライナ国軍の中で、兵を管理し統率していく管理職のような立場の人だといいます。同時に、子どもを持つ母親でもありました。

もちろん軍の内部のことについて、詳しく話すことはありませんでした。でも、いまのキーウの状態や国民の気持ちについて聞いてみると、自分の思いを話してくれました。

戦争は急に起きたのではなく、それまでもロシアは繰り返し圧力をかけてきていたこと。ウクライナにはいろんな国の人たちが暮らしているので、いろんな問題を突き詰めていくと衝突が起きてしまいかねない土台があること。だからこそ、ウクライナで暮らす人たちは多様性を重視しながら、寛容な姿勢をもっていろんな民族の人たちと共生しようとしていること。そうした暮らしを支えるのが、ウクライナ国軍のひとつの役割だと彼女は考えているようでした。

国軍で任務にあたる兵士というと、鍛え上げた身体で、激しく銃を乱射して……といったイメージが浮かぶと思います。でも彼女はとても穏やかで冷静。そして、どこの家庭にもいそうなふつうのお母さんでした。

一方で、ロシア軍の兵士はどんな雰囲気だったのか。

ロシア軍は徴兵された若者たちに加えて、義勇兵として参加している外国部隊、さらにはお金で雇われたプロの戦闘兵士もごちゃ混ぜになって部隊を編成していました。「軍事訓練」といわれてベラルーシにやってきた若者たちが、気づいたらウクライナに入っていて、戦闘に巻き込まれていたというような声も、拘束されたロシアの若い兵士から聞こえています。

メディアに映らない戦場の姿

戦争取材とは、爆撃や銃撃が起きているところに突っ込んでいって、撮影をするような仕事ではありません。戦争中の情勢は刻一刻と変わっていて、現地に入り、現地の方と生活を共にする中で突然、市街地で銃撃が起きるなど、突発的な事件に巻き込まれていく。いきなり戦場に出かけていって写真を撮るぞと思っても、どこで戦いが始まるのか、実は事前にわかることは少ないんです。

たとえば、この動画は２００１年から始まったアフガニスタン紛争の取材で、アフガニスタン国内で撮影したものです。

▶動画　アフガニスタン

目の前にロケット弾が撃ち込まれた。

アメリカを含む多国籍軍対アフガニスタン・タリバン政権の戦い。これはタリバンの攻撃、そして銃撃戦が始まった様子を撮影した動画です。

これも、事前に「ここに攻撃がある」と情報を得て撮影したのではなく、たまたまその場面に遭遇して、撮ることができたものです。

もちろん事前に情報を仕入れて、あらかじめ取材のテーマや切り口の見当をつけた状態で現地に入ることはあります。ただ、その場所に行ってみると想像とはまったく違う景色が広がっていることがある。ウクライナ戦争でも、実際に現場に足を踏み入れるまでは、どのような状態になっているかわかりません。


残虐なロシア軍。ジェノサイド。

目の前で次々と命が失われていく戦争の現実。

その反面、肥沃な大地を持つウクライナ。取材中に、その美しさに触れる機会もたくさんありました。


ウクライナの土地は作物の栽培に適しているといわれます。トウモロコシ、サトウキビ、ひまわり油、特にパンやパスタの原料となる小麦は、世界トップクラスの産出量を誇っています。ヨーロッパの穀倉地帯と呼ばれ、農村にはひまわり畑や小麦畑が広がる美しい光景があります。

また街中に教会がいくつも点在しており、政情が不安定な中でも休日になると、静かに祈りを捧げる市民たちの姿を見ることができます。

キーウはメルヘンな建築物の街並みが広がる芸術の都です。夜になるときれいに着飾った人たちがオペラ劇場に集まり、音楽に耳を傾けています。

聖ヴァロディームィル大聖堂で祈りを捧げる市民

キーウ中心部、ドニプロ川沿いには美しい森のような公園があり、恋人たちが手をつないで歩いている。

暗くなってくると食事の時間です。ボルシチやロールキャベツ、肉でつくった餡を皮で包んだ水餃子のようなものを食べながら、ワインを片手にゆっくりと語り合っている。

戦争が始まる前は、世界から、日本からも観光客がたくさん訪れていた、美しい国。さまざまな魅力があります。

都心の街中にはコーヒースタンドがたくさんあって、多くの人がコーヒーショップで買った大きなサイズのホットコーヒーを手に持ち、ごくごく飲みながら歩いている。そうした姿にも親近感を覚えます。

笑いのある戦場の日常

戦場の中に、日本の僕たちの暮らしと変わらない衣食住があること。これが、僕が戦場や世界の政情が不安定な地域に足を踏み入れるようになって一番驚いたことです。たとえば、戦時下では結婚や出産をする若者が増えます。危機の中では一人でいるのではなく、家族をつくり、守り、万が一のときにも支え合っていこうと思うのが人間の本能なのかもしれません。

さらには戦争をジョークのネタにしたような商品が、マーケットに並ぶことがあります。

ウクライナの取材で見たのは、プーチン大統領の顔の上に大きくバツ印が書かれている柄がプリントされているトイレットペーパー。

ロシア軍の猛攻に数週間耐え抜き、ウクライナ軍の抵抗の象徴となったウクライナ南東部マリウポリの製鉄所「アゾフスターリ」。そこで兵士たちが武器を掲げて、ロシア軍に対して放送禁止用語を発しているような絵がプリントされたTシャツ。

ウクライナのゼレンスキー大統領は元コメディアンです。ゼレンスキー大統領ならこの戦争に関連づけてどんなジョークやギャグを言うのか、みんなで大喜利のように出し合って、Tシャツの柄にしている。

ウクライナの人たちはジョークが大好きで、笑わせたり、笑ったりする力を持っている。自分たちの国で今、戦争が起きているのに、なぜこんなふうに面白がれるのだろう、リラックスして笑えるのだろうと不思議に思うような光景を、たびたび目にしました。

悲惨な戦地の姿がある一方で、僕たちと変わらない日常が存在している。これが戦場の本当の姿です。

今進行している戦争となると、戦況や戦争の行方ばかりが報道されるのですが、そこに暮らす人々の柔らかな日常も、ぜひ知ってほしいと思います。

この章で考えたいこと

Q 日々の暮らしの中で、大切にしたい習慣や場所、街並みはありますか?

2章

なぜ戦争が起きるのか

――貧困を発端にした奪い合いと、孤独が引き起こすテロ

イルピン、ブチャに残されていたロシア軍の戦車

そもそも、戦争はなぜ起こるのでしょうか。

現代の戦争は複雑化しています。戦争の引き金となるテロも、たった一人でできるような時代に変わってきました。

ここからは、現代の戦争やテロを見ながら、戦争の根源について考えていきたいと思います。

武力だけではない。情報によって戦況が変わる

ウクライナ戦争が他の戦争と異なるのは、圧倒的な軍事力で残虐な無差別殺戮を行うような、古くからある戦争のやり方と、現代ならではの情報戦が掛け合わされたハイブリッドな戦争である点です。

特にウクライナのゼレンスキー大統領が、大統領だからと権力を振りかざすことなく、市民と共に戦っていこうとする姿勢は特徴的です。

ロシアによる攻撃が行われてすぐに「ゼレンスキー大統領は亡命政権を樹立するた

めに、すでにウクライナを出国している」というデマが流れました。すると、攻撃の翌日、2月25日夜、ゼレンスキー大統領は自撮り動画で「首相も、大統領も、ここにいる。我々はここで国を守っています」と即座に発信しました。

その動画は広く拡散され、ウクライナ国民の戦意を高めることにつながったばかりか、ヨーロッパ、アメリカ、そして日本へと広がり、ウクライナ支援を呼びかける原動力となりました。

もともとコメディアンだったゼレンスキー大統領。国民向けの演説ではわかりやすく噛み砕いた表現を用いて、みんなでウクライナを守っていこうというメッセージを繰り返し伝えています。柔らかなリーダーシップで国を一つにまとめ上げようとする新しいリーダー像です。

一方、ロシアのプーチン大統領は、市民を弾圧する強権体制を強めています。まるでソ連時代に戻ったかのようです。ウクライナ侵攻を始めてから、ロシアは国家内の情報統制を強め、SNSへの接続を遮断するなどしました。

軍事侵攻の目的を、ウクライナ政府に威圧されてきた現地の人たちを保護し、「ウクライナの非軍事化と非ナチ化」を実現することだと自国民に説明しています。こうした主張はいずれも客観的な裏づけのないものです。

そのような中でも、ロシア軍による攻撃の様子がウクライナの市民たちによって撮影され、SNSを通じて世界に発信されていくのを止めることはできません。

自分の住む地域でロシア軍を目撃した。今、目の前で爆撃があった。ロシア軍の兵士が、抵抗していない人を後ろから撃った。そうした情報がSNSに次々と投稿され、ロシア側の主張がフェイクであることの裏づけとなるばかりか、ウクライナ軍の反撃の後押しとなっていったのです。

軍事力によって戦争の勝負がつくこれまでの戦争とは異なり、情報をいかに管理するか、情報によって連帯を導けるかどうかが、戦況を左右している。これがウクライナ戦争の特徴なのです。

国家対国家の対立構造を超えた現代の戦争

ロシアの非人道的な攻撃を止めるため、欧米諸国をはじめとして、武器を供与することでウクライナを支援しようとする動きが起こりました。それに対してプーチン大統領はたびたび、ロシアは核保有国であることをアピールし、核の使用もちらつかせながら、けん制しています。

もちろんプーチン大統領は、欧米諸国がウクライナに派兵することはないだろうと当初から睨んでいたはずです。アメリカがウクライナに軍隊を派遣するようなことがあれば、アメリカ対ロシアの世界大戦になってしまう。ロシアをむやみに刺激することは避けなければいけない。欧米諸国が慎重な姿勢をとると予測していたからこそ、ウクライナに対して圧倒的な力で踏み込むような戦い方ができているのかもしれません。

現代における戦争は複雑化し、国家対国家の対立という構造を超えています。揺れ動く国際政治、経済、環境問題に、もう、ひとつの国だけでは立ち向かえない。

そこで、協力し合えるグループをつくり、周辺地域と連携し、経済制裁や国際外交ができる強みを生かしながら、各々が持っている問題を共同で解決していこうとしています。

たとえば、欧米諸国でつくる軍事同盟、北大西洋条約機構（NATO）や、ヨーロッパを中心につくられた政治同盟、欧州連合（EU）。また厳密に同盟や連合というわけではありませんが、欧米の枠組みから外れて経済や貿易体制を強化していこうとする、ロシアを含むBRICs（ブラジル、ロシア、インド、中国、南アフリカ）がその例です。

今回のウクライナ戦争の場合、ウクライナはNATOには加盟していません。だからNATOが軍事同盟として、武力をもって動くことはない。

しかし、そもそもウクライナのゼレンスキー大統領は「ロシアから離れて、EUやNATOといった同盟に加盟していきたい」といった姿勢を持っていました。そうした姿勢が、ロシアの軍事侵攻に影響を与えたという経緯があります。ですから、欧米は「ウクライナを助けなくていいのか」と議論してきた。ただし直接の軍事介入は、あまりにもリスクが大きい。その落としどころが、武器の供与だったのです。

そうした経緯から、今回のウクライナ戦争は、欧米を中心としたグループと、ロシアや中国を中心としたグループのぶつかり合いの代理戦争となっている面があります。
このことが、ウクライナ戦争を長引かせ、解決をより困難にしているとも考えられるでしょう。

たった一人でテロが起こせる時代

戦争そのものは国の単位を超えて複雑化していますが、一方で、戦争の引き金を引くことは、たった一人でもできる時代になってきています。情報の力を使った小規模テロが可能になったからです。

かつてのテロは、豊富な資金力を持つテロ組織によって計画され、遂行されるものでした。

その代表例が2001年9月11日のアメリカ同時多発テロです。国際テロ組織・アルカイダのウサマ・ビンラディンが首謀者とされ、ハイジャックした飛行機でアメリカ・ニューヨークの世界貿易センタービル、ワシントンの国防総省に激突し、多くの犠牲者が出ました。

このテロを契機に、アメリカを中心とする連合軍と、ウサマ・ビンラディンの引き渡しを拒否したアフガニスタン・タリバン政権との、19年10ヶ月に及ぶ戦闘、アフガニスタン紛争が始まります。

あれほどまでに大規模で、インパクトの強い同時多発テロを起こせた背景には、ウサマ・ビンラディンの持つ豊富な資金力がありました。お金があるからこそアフガニスタンにアルカイダの基地をつくり、武器や情報を買いながら、テロ訓練を行うことができたのです。

このように、かつては資金力がなければ、テロのスイッチを押すことはできませんでした。

一方、2006年頃からイラクからシリアにかけて勢力を拡大した「イスラム国」(通称・IS)を自称するイスラム教スンニ派過激派組織は、メディアを利用した広報戦略を積極的に用いた。テロそのものは小規模であっても、まるで広告代理店のような手法で、過激でショッキング、映画のように編集された動画を配信し、メディアを通じて世界に広める。テロの効果を最大限高めて、世界中を恐怖や不安に陥れようとしたのです。

それを知っていたメディア、特にフランスなどの国では、メディアがテロ組織に利用されるのを防ぐために、「IS発信の情報は遮断しよう」といった方針をとるところも多かった。ただし、ISをはじめとする過激派の動きがわからないと、中東で起きている出来事を理解しにくくなるといったジレンマもあり、メディアとしてどういった立ち位置が望ましいのか議論になりました。

しかし今は、メディアが自主的に情報を遮断しても、SNSを通じてショッキングな映像や写真が、規制なく一瞬で世界に拡散されてしまう時代になりました。これを利用し、テロのあり方もまた変わってきています。

日本も他人事ではなくなってきた

最近、過激派がよく使う手口は、かわいらしい小さな子どもの身体に爆弾を巻きつけて、歩かせる。道の真ん中に着いたら、過激派の幹部がスイッチを押して爆破する。その様子を撮影していて、映像を世界に配信する。そんな残虐なことをして、世界中に自分たちの力を知らしめるのです。

過激であればあるほど、残酷であればあるほど、動画は拡散されていく。テロリストが配信する情報で多いのは、短い尺でインパクトの強い映像です。

たとえば、3、2、1とカウントが出て、いきなりドーンと住宅や市街地を爆破する映像や、子どもを使った衝撃的な映像。こういうものがSNS上でどんどん拡散され、一般の人の目にも入ってしまう。

SNSの拡散力によって、お金がなくても、また、わざわざ武器を輸入しなくても、残酷で衝撃的なことさえできればテロの効果が期待できるようになったわけです。

そして同時に、ライブ配信ができれば、テロ組織に所属していない人であっても、たった一人でテロを起こすことが可能になりました。

たとえば、観光客が集まっている大きな市場の中に、トラック1台で突っ込んでいくだけでもいい。たとえターゲットとなる人物の命が奪えなくても、攻撃の様子が派手に世界へと広がっていけば、テロの目的は達成できてしまう。

今は、テロを起こすのにお金も、兵隊も、教育も一切いらない。アルカイダや過激派といった思想的な背景なしに、ひとりぼっちで、何も失うものがないと思った人が、悲しい状況を引き起こすことができてしまう。そして、残虐な情報ほど拡散されていく。

いまや、日本も他人事ではなくなってきています。

2022年7月8日、元内閣総理大臣の安倍晋三氏が奈良市で銃撃され、亡くなるという事件が起こりました。

白昼、堂々と犯行に及んだのはたった一人の男性でした。使ったのは手製の銃です。わざわざ武器を輸入したり、仲間を集めたりすることなく、たった一人で銃撃を企てた。

選挙演説中の安倍元首相の周りには大勢の市民やメディア関係者がいました。衝撃的な犯行の様子が撮影され、報道やＳＮＳを通じて日本中、そして世界中に配信されていきました。各国のメディアは「暗殺」という言葉を用いて報道しています。

首相経験者に対するテロは、戦後の日本にとって未曽有の事態でした。思い起こすのは１９３２年、犬養毅内閣総理大臣が殺害された「五・一五事件」。１９３６年、元内閣総理大臣の高橋是清らが殺害された「二・二六事件」。政治家が標的になる銃撃事件は、当時の日本が戦争へと突き進む転換点ともなっています。

元首相や元大統領、現役の国のトップが暗殺されるというのは、世界各国で、僕がよく見てきた現象でもあります。こうした暗殺事件が起きると、指導者を失った国内では権力闘争や内戦のような状態に陥ることが多いものです。

複数の実力者たちが各地に勢力を張り、互いに対立して覇権争いをしはじめる。その中では、「強い指導者」といえば美しい言葉ですが、独裁者とでもいうような人が勝ち上がり、強権体制を築いていく。それが一定期間経つと崩壊し、クーデターで指導者が暗殺されて、また内戦が起こる。

この繰り返しが、これまで世界のさまざまな国で起きてきたのです。

安倍元首相を銃撃した男性は、のちに、政治信条への恨みではなく、特定の宗教団体に対する恨みがあり、安倍元首相がこの団体と近しい関係にあると思い狙ったと供述しています。

この銃撃事件は、テロとは無縁に思えた日本に住む人たちに「日本も政情が不安定になるのではないか」「同じような事件が今後も起きるのでは」というような不安を与えることとなりました。

実際に、2023年4月15日、岸田文雄首相の演説の直前に、爆発物が投げ込まれる事件も起きました。

テロ組織になど所属していない、一人の青年がテロを起こす時代。小さく、派手に、悲しい事件を起こして、それが爆発力を持って世界中に広がり、政情を動かしていく。それはひょっとしたら、国を揺るがすほどの大きな争いにつながるかもしれない。

これが21世紀のテロのやり方なのです。

戦争は貧困と孤独から始まる

紛争地を回ってきた僕が感じる、戦争やテロの根っこにあるものは「貧困」です。

日々、安定して家族が暮らせる環境があれば、戦うという手段を選ぶ必要はありません。しかし、その暮らしが脅かされていく。貧困によって、やりたいことができなくなる。そのうちに「明日を生きることができるのか」と不安に襲われる。

すべてが奪われ、壊されて、食べるものがなくなるかもしれない。

そして、家族や子どもたちの命が危機にさらされていく。

こうして「生きるためには武器を取らざるを得ない」という極限の状態につながっていく。**貧困の「選ぶことができない」不自由が、人を追いつめ、テロ行為や戦争へと駆り立てていくのです。**

追い詰められた人たちは、この貧困を招いた犯人は誰かと探しはじめます。さまざまな要因が絡まっているはずです。自然環境の問題。飢餓の問題。不公平なビジネス取引の問題。差別や格差の問題。その犯人をたどっていった先に血の報復が起きる。そして繰り返されていく。

貧困をきっかけに起こる報復合戦の歴史が、今のウクライナ戦争にもつながっています。

そして貧困は、子どもたちから教育の機会を奪います。武力による戦い以外でも暮らしを整えていくことはできるはずなのに、その手段すら知ることができない。テロや戦争といった悲しい事件の根っこには、必ず「貧困」というスイッチがあるのです。

あまりにも過酷で貧しい暮らしに向き合うと、ふつう、人は一人で生きていくことはできません。

僕が世界各国を回って気づくのは、地域の人たちが連帯しながら一日一日を暮らしていくのが、多くの国にとっての日常であるということ。そうした地域での連帯を支えているのが宗教です。宗教の考え方を入り口にして、共生のあり方や貧しい中でも生きていくための気持ちや体を整えていく。

一方、宗教観が土台にある国の場合、その教えが徐々に尖り、「ルールから逸脱することは許さない」となっていくと、宗教から暴力が生まれることがあります。それが世界の過激派やテロ組織誕生へとつながっていくこともある。

厳格なイスラム教徒の中から、一切の世俗的な価値観を認めない急進的なイスラム主義者が生まれ、その人々が過激派となって武装し、テロや暴力行為を行うようになったのもその一例です。

もちろんそれは一部であり、人と人とが共に暮らし、愛情をもって寄り添い、寛容の心を持って生きていこうという思想があらゆる宗教の根幹にあります。

日本に住んでいると、そうした宗教観を土台にした連帯する暮らしや、そこから生まれる過激派の脅威はさほど身近に感じられないかもしれません。一方で、地域や宗教観による連帯を前提としない現代の日本ではどうしても、貧困に陥った人たちが孤立してしまう傾向があります。

貧しく、家族もいない。ひとりぼっち。部屋から出てこられない。仕事をなかなか手にすることができず、日雇いの仕事をして、ネットカフェに泊まることができたらラッキー。公園で夜を明かすこともある。

そういう見えない貧困、社会の不平等が、悲しい事件の引き金になりかねない。

安倍元首相の事件を見て、僕は「日本はもう特別な国ではなくなった。世界各国と同じような苦しみや不安の入り口に立ったのだ」と感じました。

日本の中にもある「戦争という日常」

一般的には、戦争とは国と国が戦い合うものだと思われています。

紛争とは、国と国に限らない二者以上の戦いのこと。必ずしも武力を伴ったものを指すわけではありません。戦争も「紛争」のうちに入ります。

ただし、僕は、露骨に「戦い」という形で表出していないだけで、「戦争という日常」はどこにでもあると考えています。

戦争という日常。それは、国と国の戦いに限りません。

人が人と暮らす中で自ずと生まれるしがらみ、格差、衝突。

そして、すべての戦争の原点にある貧困。特定の人たちが利益を追求しすぎることで、別の少数派の人たちが貧困に陥り、抜け出せなくなること。

そうしたことを発端に、「生きるために奪うか、奪われるか」という人間の争いの本能が輪郭をあらわすことがある。このことを「見えにくい戦争」が起きている、と捉

えるならば、戦争はどの国にも、もちろん日本にもあるのです。

軍隊と軍隊が武力を用いた争いにまで発展したものは、いわば「見えやすい戦争」になったもの。ウクライナ戦争がまさにその例です。

戦争という日常は、さまざまな形で僕たちの身の回りに潜んでいます。

たとえばある地域の中で、一部の人だけが貧困の状態に陥っていること。差別を受けていること。歴史や政治、経済、文化といったものがさまざまに絡み合い、そこには衝突が起きかねない火種があるのだけれど、少数ゆえに今は消された存在になっている。

たとえば、麻薬を栽培している、貧しい国の若者たち。生きるために麻薬をつくるしかない人たちがいる。なぜそんなことが起きるのか。豊かな国の人たちがそれを使うからです。そして、栽培した麻薬を輸送したり、売ったりすることで働き口を得ている人がいるからです。

何かしらの利権を守るために、不平等なビジネスが生まれる。そして麻薬をつくり続けるしかない貧しい国の若者は、貧困から抜け出せない構造になっている。

もっと身近な例でいえば、地域コミュニティーの中にも衝突が起きる場面はたくさんあるでしょう。いじめの問題。ハラスメントの問題。お金持ちばかりが住んでいる地域で、自分たちの利権を守るために、弱い立場の人たちを追い出そうとすること。子ども同士の些細なトラブルが、ＰＴＡを巻き込んで地域の大きなトラブルにつながることもある。

このように、僕たちの暮らしの中にも「これはいったい、どうしたらいいんだろう」と思うような小さな衝突がたびたびあるはずです。一部の人たちが理不尽に、自由を制限された状態を受け入れざるを得ない状態になっている。

それに対して、みんな本心で言えば自分や、大切な人たちの暮らしを守りたい。少なくとも自分が安心して家族と過ごせる暮らしを守りたいと思っている。それが本音です。

ただ、特に日本においては、トラブルになることを恐れて、本音を言わず、建前で濁すことが多い。これによって一見すると、争いや衝突がなくみんな平和に過ごしているように見える。

しかしながら実際のところは、ある時点までは我慢できていても、何らかのきっかけでこじれてしまえば、「私が自由に生きることを奪う相手とは、戦わなければいけない」と争いに至ってしまう可能性があります。

そうした地域トラブルを防ぐために、町内会や市議会のような仕組みがあるのですが、かつての日本の村社会のような、支え合っていくコミュニティーの力は今どんどん失われていっています。人々が孤立しやすい状態になっている。それがまた、新たな貧困や悲しい事件へとつながっているのが現実です。

戦争という日常はどこにでもある。それが、世界の戦場や、情勢が不安定な地域に足を運んできた僕の考えです。

生きるための奪い合いが戦争の本質

日本にとって、今後の発展につながる入り口であり、同時に「見えにくい戦争」を生みかねない課題の一つは、外国からの難民や移民をどのように受け入れていくか、です。戦争地域からの難民だけではなく、留学生やビジネスでやってきた人たちも含めて、**どのように向き合い、多様性を迎え入れていくかが、今、問われています。**

これまで日本は、世界から人を受け入れて、自分たちのビジネスもグローバルに展開していくことが苦手だと言われてきました。実際には在日外国人は相当数いるのですが、日本のこれまでの慣習を押しつけてしまう、異なるものを排除して新しい芽を摘んでしまうといった面はまだまだ現実に多く見られるように思います。

そうしたクローズドな国民性は、なかなか海外マーケットを巻き込んだビッグビジネスが育たない要因としても指摘されています。国内のマーケットを意識するあまり、多くのビジネスがガラパゴス化した結果、現在の円安の問題が起きている。

その中で、ダイバーシティ、多様性といったキーワードが国内でも挙がってきました。これからは日本だけで閉じずに、オープンマインドで海外の人たちを受け入れ、うまく協力し合いながら生きていくことが日本の力にもなる。

一方で、これまでとは異なるオープンな関わり合いをするとなると、生きるための奪い合いが加速していきかねない。

「なぜ移民に仕事を奪われるのか」というように、争いにつながっていく可能性はゼロではありません。

難民についても、不平等の問題がつきまといます。日本はウクライナから避難してきた人々を実に温かく迎え入れました。ウクライナ避難民に対する支援は、たびたびメディアで明るく報道されている。

一方で、アフガニスタン、シリア、スーダンといった国からの難民に対しての眼差しはまったく違う。実際にはほとんど受け入れておらず、「どうしてウクライナだけ特別扱いしているんだ」と多くの国から批判が出ているのです。

移民や難民の受け入れには、ただオープンにみんなを受け入れようといったポジティブな面があるだけではありません。不平等に見えるさまざまな規制の裏には、国の利益や外交関係、欧米諸国とのつながりといったさまざまな視点が絡み合っています。
その中でも、今回のウクライナからの避難民の受け入れが、一歩、二歩とステージを上げて、日本が寛容な態度で、また多様性を重んじながらさまざまな国の人たちと共に生きていくきっかけとなることを願っています。

グローバル化や移民の問題。いずれも現代ならではの課題のように見えますが、そこで起こりうる争いの構造はシンプルで原始的です。

生きるために奪うか、奪われるか。
これがあらゆる戦争の根底にあります。

SDGsと奪い合いの現実

今、世界中でキーワードとなっている持続可能な開発目標「SDGs」。僕たちの暮らしに必要な資源は、このままのペースで消費していけばいずれ足りなくなってしまう。限りある資源は有効に使わなければいけないという思想からもたらされている考え方です。

17の目標の中には「目標16 平和と公正をすべての人に」と、争いや暴力を減らしていくことが掲げられています。しかし、そのためには他の目標、環境や資源の問題が絡んできます。

特に、地球環境を脅かすさまざまな環境問題、たとえば地球温暖化や水質汚染、大気汚染、森林破壊といった問題が指摘される中で、水と食料を安定的に確保できる土地は、どんどん限られていっています。それを誰が管轄するのか。

土地の奪い合いは、確実に戦争のスイッチになってしまう。だから限られた資源を再利用して有効に使い、安定した生活や経済活動を行っていくために、奪い合うのではなく世界中が協力し合いましょう。そのような意識がＳＤＧｓであり、２０１５年に国連で採択されて以降、急速に世界中に広がっていきました。

ただし、現実を見ると、豊富な資源を持っている国は限られていて、その国が、実は貧困にあえいでいるといった場合も少なくはありません。自国の利益を求めて、豊かな国が資源のある貧しい国に群がり、何かしら魅力的に見える言葉やお金をちらつかせながら、「支援」という名目でその地域の土地、資源を押さえ、支配する。そして世界中で食料が高騰する中、その食料戦争で優位な立場を獲得していく。

支え合うのではなく奪う。貧しく虐げられてきた国はそれに対抗し、武器を持ってでも自国を守ろうとする。

肥沃な大地を有するウクライナも、資源が豊富にある国の一つです。それを奪おうとする国との間で戦争が起きる。

生きるために奪うか、奪われるか。

その根源にはやはり「貧困」があるのです。

戦争はなくならない。だとしたら、僕たちに何ができるのか？

生きていくのに必要な地球上の資源は限られているのだから、独占せずにみんなで守っていこう。「ＳＤＧｓ」を契機に世界中がそうした意識を持ちはじめた反面、いまも戦争は終わりません。森林、水、土地を奪い、そこに生きる人たちの暮らしを奪っている。そして、さらなる貧困が生まれる。武力によって貧困に抗おうとする、報復の連鎖は止まらない。

また、争いにつながりかねない、地域のしがらみ、格差、差別、衝突、貧困は、どの国にもある。

日本においても、資源を求めた衝突や、利権をめぐる戦い、そして自由を奪われた人たちが「生きるために奪うか、奪われるか」と争いへ向かっていくような種はある。経済格差が広がり、若者たちの貧困の問題は年々深刻化しています。そうした「見えにくい戦争」の中で孤立した人が、たった一人で、テロを起こすことも可能になっています。

一方で、閉ざされた地域で貧困に苦しんでいる人たちの選択肢の幅を広げるためには、国の枠を超えた連帯が必要です。世界規模で行わなければ、変革できないこともあります。

では、僕たち一人ひとりは無力なのでしょうか。

僕たちがみな、程度は違えども、同じ「戦争という日常」の中を生きているのだとしたら、いったい今、どんなことができるでしょうか？

この章で考えたいこと

Q 学校や会社、ご近所との付き合いで我慢している経験、我慢できずにぶつかってしまった経験はありますか？

3章

平和とは選べること

――孤独に溺れる前に、旅に出よう

ウクライナの大地を覆うひまわり畑

ここまで戦争について書いてきましたが、この章では、あらためて「平和」について考えてみたいと思います。

平和とは、いったいどのような状況なのでしょうか。そして、平和のために、僕たちができることはあるのでしょうか。

「選べる幸せ」があること。これが平和の条件

戦場や紛争地帯で出会った方たちに、僕がよく聞く質問があります。

「幸せとは何でしょうか？」

すると多くの方から、「やりたいことを自由に選べること」という答えが返ってきます。

つまり、戦場ではやりたいことを自由に選べないのです。やりたいことといっても、

日本で暮らしていれば当たり前に、したいと思ったらできることばかり。好きな食べ物を食べる。家族で一緒に暮らす。学校に行く。休日に遊びに行く。その程度の選択の自由がない。

独裁者がいたり、攻撃を受けて住む家を失ってしまったり、家族や子どもたちの命まですべて奪われてしまったり。自分の判断で「こうしたい」と思うことができない。それが平和を失った国の実情です。

平和とは、やりたいことを自由にやれること。人がそれぞれ自由に選ぶことができる「選択肢」があることです。

明日にも爆弾が落ちるかもしれない。軍隊に召集され、避難を強いられ、家族みんなで暮らせない。だから、したい暮らしができない。そういった不自由さは、今の日本にはひとまずありません。その意味で日本は、平和に近い国といえるでしょう。

世界の選挙を見ていても、国民がリーダーを選ぶ大事な基準のひとつに、一般の市民が「自由な暮らし」を送れると思うかどうかがあります。

ウクライナもそうでした。ヨーロッパにおけるもっとも貧しいグループに属していたウクライナは、それまでの政府の汚職体質、私腹を肥やすばかりで国民が自由に暮らせるような政治をやろうとしないトップたちに嫌悪感を抱き、2019年の大統領選挙に出馬したゼレンスキー氏を大統領に選んだのです。

低所得や不十分な社会保障で苦しんでいたウクライナ国民が、ロシアとの関係が深い指導者や、裏でロシアとつながっていることが疑われている指導者ではなく、政治経験がない元コメディアンを選んだ。これはウクライナ国民の、自由で豊かな暮らしへの渇望とも見えました。

結果として戦争に突入し、ウクライナ国民の自由はますます奪われているとも言えますが、国民の士気は高い。それはロシアに抗い戦うことが、自国を守るだけではなく「自由と民主主義陣営の防壁」といった意味合いを持つからでしょう。

貧しさから脱却し、自由を求める国の人々。そこに「自由は認めない」として戦いを挑む、強権体制や過激派組織。自由を求めて戦い、戦いが自由を奪っていく。歴史のゆりかごの中で繰り返されてきたことです。

選べる選択肢が少ない、禁止されていることがあまりに多いのは危険です。極端な攻撃や奪い合いにつながりかねません。たくさんの選択肢があると地に足をつけて、肩の力を抜いて、どれを選ぶべきか冷静に判断できる。そうした中であれば争いを回避することもできるはず。

日本では当たり前のようにある「選べる幸せ」。これがあることが、平和のひとつの姿であると言えるでしょう。

日本の暮らしにある、世界とつながるきっかけ

今の日本にも、貧しく、孤立してしまう人たちがいます。ひょっとしたら「日本に

住んでいても、選べる幸せはない」「日雇いのバイトしか仕事がなくて、友達もいない。やりたいことがあっても、お金がなくてできない」などと苦しく感じている人もいるかもしれません。

戦場から日本に帰ってくると、日本の暮らしの中には世界とつながるきっかけや入り口がたくさんあると感じます。自分にはできないと思っていても、ちょっとだけ見方を変えて世界を知り、ちょっとした行動を起こせば世界とつながることができる。

本を読むことでも、好きなマンガや映画について究めてみることでも、友達に会いにいくことでもいい。一歩踏み出してみると、新たな感覚を得ることができます。そして思いもよらなかったことに、気づくことがあります。

そのことが僕たちの可能性を広げてくれる。別の、新たな選択肢を自分にもたらしてくれることもあるはずです。

小さな行動で、新しいチャンスを手に入れることもできるのです。

戦場には「私たち」を知ってほしい人たちがいる

僕は戦場取材に入るとき、現地の人々の生の声に耳を傾けながら、戦場に生きる人たちの普段の姿を撮りたいと考えています。戦火の中にも、胸が痛むようなつらい現実だけでなく、温かな人々の暮らしがあるからです。

そこに日本人の僕たちと変わらない素顔を見つけると、親近感を持って、世界の国々に生きる人たちを捉えることができます。

その一方で、戦場ではあまりに悲惨な光景に遭遇することもあります。思わずカメラを置いて、その場をそっと離れるしかない場面。

多くは、子どもの命が奪われる瞬間です。

あるときは、こんなことがありました。

銃撃を受けた小さな子どもが、避難所の病院に運び込まれてきた。お医者さんたちによる必死の処置が施されており、子どもの両親はもう半狂乱状態になっている。こういうとき、僕は写真を撮ることはできません。

僕はカメラを置いて、病室を出ました。そして静かに待っていました。

すると、病室からお父さんが泣きながら飛び出してきて、僕の手を引っ張るのです。強い力で、僕を病室に引きずりこみ、必死で、今にも亡くなろうとしている我が子の写真を撮ってくれと言っている。

今、自分の子どもの命が奪われようとしている。そして、そのことが誰にも知られずに、まるでなかったことのようにされていく。自分たちの国には独裁者がいて、情報統制されているから、このことは国の外の人たちには報じられない。

だから撮ってくれ。今、起きていることを、外の人たちに知ってほしい。気づいてほしい。そしてどうか、攻撃している人たちを止めてくれるような動き、世界のうねりをつくり出してほしい。

お父さんは、泣きながら僕に頼みました。

爆破テロの被害を受けた家族の声

実はこうした状況は、テロの現場や戦場ではよくあることです。家族の遺体を撮ってほしい。これほど残酷な殺され方をしている様子を。また、お葬式の最後のあいさつをしている、家族が泣きじゃくっている様子を撮ってほしいと言う。

僕には撮ることができない、と言って外に出ていると、手を引っ張りながら頼みこまれる。そして、どうか世界に、そして日本に配信してくれという。

彼らはただ、知ってほしいのです。これが今起きているテロや戦争の現実、犠牲になっている現場そのものなのだと。

次のページの写真は、パキスタンの病院で撮影したものです。

2007年7月、首都イスラマバードでイスラム教の神学生が治安部隊と衝突し、イスラム教の礼拝所モスクに立てこもる事件が起こりました。パキスタン軍によると、こ

パキスタンの病院で撮影した
子どもを亡くした家族の写真

の戦闘によって40人以上の死者が出たといいます。
神学校を率いる指導者は、アフガニスタンの過激派組織タリバンとの関わりがあったため、この事件がタリバン側の強い反発を呼び、報復のための自爆テロなどが激化しました。

この写真は、報復による爆破テロによって子どもを亡くした家族の写真です。自分の子どもが犠牲になったことを確認して、我を忘れてしまった状態です。
この病院には、爆破テロの犠牲になった一般市民が多数運び込まれていました。とても残酷で悲しい場面でした。

日本で暮らしている人の感覚であれば、こうした極限状態のときは、ふつう、写真を撮らないでほしいと思うものです。しかし、彼らもやはり「伝えてほしい」「こうしたテロの悲しい状態を、日本に暮らす人たちにも届けてほしい」と訴えていました。

「傷ついた私たちを撮って」

「亡くなった子どもを撮って」

こういう声を聞くと、胸が締めつけられるような気持ちになります。

世界のさまざまな、自由を奪われた戦場の現場で、日本に向けて「知ってほしい」と呼びかけている人がいることを、僕は写真を通じて伝えていきたいと思います。

世界を知る。世界とつながる

今、日本に住んでいて、なかなか外国に足を運ぶ機会がないという人も多いはずです。ましてや戦場に触れることはほぼないでしょう。

でも、日本にいながらでも、平和のためにできることはあると僕は思います。

一つ目は、世界を知ることです。戦争を、遠くの自分たちとは異なる人たちの話として捉えるのではなく、自分たちと変わらない人たちのこととして想像してみる。

僕自身、戦場に初めて入ったとき、戦場は想像していたものと違っていて、あまりにふつうの日常が戦争の中に広がっていたことに衝撃を受けたものです。自分たちとそう変わらない暮らしがここでも営まれていると思えると、戦場で実際に起きていることが少し身近に、またリアリティをもって捉えられるのではないかと思います。

とはいえ、メディアやSNSなどに、戦争についての情報は溢れかえっていて、フェイクニュースも多い。いったいどのように知ればいいのかわからないという人も多いでしょう。

そこで次の4章では、情報をどのように見ればいいのか、フェイクニュースを見破るにはどうしたらいいのかといった具体的な情報収集の方法についてもお伝えしたいと思います。

また、僕は戦場の写真を撮ることを仕事にしているので、さまざまな戦場で撮られた写真をどのように見ていけばいいのか、そうしたヒントもお伝えしていきます。

二つ目は、世界とつながることです。今やインターネットやSNSを通じて、世界のさまざまな国の人たちとつながることができます。コロナ禍以降はオンラインで会ったり、話したりということがこれまで以上に気軽にできるようになりました。ただし、英語が話せない、文化がわからない、恥ずかしいなどといった気持ちが邪魔をして、なかなか一歩踏み出せない人もいるでしょう。

自分の殻をやぶり、外に飛び出していくヒントとなるのが自分の「好きなこと」です。世界をよくするために、平和のために、というと少し敷居が高いような気がしますが、自分が好きなこと、知りたいと思うことであれば、どんどん突き詰めていくことができるはずです。

好きなことを探究していくと、そのルーツや派生している出来事が、日本以外のさまざまな国にもあることにたどり着くこともあるかもしれません。あなたの好きなことを突き詰めた先にはウクライナが、ケニアが、ボスニア・ヘルツェゴビナがあるかもしれない。そこからまた、世界へと輪が広がっていく。

SNSのあるこの情報社会では、好きをきっかけにして、これまでなら出会えなかった人と出会い、つながるチャンスがあるのです。

戦争や平和について勉強しようとか、仕事に生かそうといった堅苦しい気持ちを少し脇において、ただ自分の熱に身を任せてみると、思わぬ世界が広がっていくでしょう。

世界とのつながり方について、5章では、僕が世界各地でどのように人とのつながりを築いてきたか、貧しく、ジャーナリストとしての知名度などまだなかった頃に、どのように人生を切り開いてきたかをお話ししていきます。また実践的な世界とのつながり方として、SNSの活用法などもお伝えしたいと思います。

さぁ、旅に出よう

僕がみなさんに送りたいメッセージは、ずばりこれです。

「さあ、旅に出よう」

国内の温泉に行ったり、世界の観光地を訪れたりすることも旅ではありますが、僕がここで言う「旅」の意味は、それだけではありません。

自分自身が好きなこと、やってみたいことを自由にやってみるということ。知りたいという自分の興味・関心に素直に従って、見て、聞いて、触れてみること。

気になっていたお店に足を運んでみたり、非日常の場所を訪れてみたり。そういう挑戦自体が、あなたにとって大きな力になります。そして自分の好きなことを突き詰めていく旅の感覚を一度摑めれば、それを他のことにも応用できるようになります。

ひょっとしたら今、ひとりで部屋の中にこもっている人もいるかもしれません。そんな人はまず、部屋から出て街に行きましょう。歩いてみましょう。

体を動かすだけで、気持ちが少し晴れやかになって、ちょっと勇気が湧いてくる。汗をかくことが、オープンマインド、そして外に出ていく勇気の一歩目になります。

自分に閉じているのではなく、未知の世界を知り、つながるのが楽しくなっていく。好きなことにどっぷり浸かっていると、自然と国境を越え、自分の限界も超えてしまって、世界のさまざまな国の人たちとつながることがあるはずです。

平和とは、自由にやりたいことをやれること。

さあ、これから旅に出ましょう。

そのためのヒントを、次の章からお伝えしていきます。

この章で考えたいこと

Q あなたにとっての「幸せ」とは何でしょうか？

4章

平和のために
できること
——①世界を知る

イラク戦争で撮影した母と子の写真

僕たちが平和のためにできることは、世界を知るということです。メディアやSNSが情報で溢れかえっている中で、世界を知るために、僕たちはどのように情報を見ていくといいのでしょうか。また、溢れるフェイクニュースを見破るにはどうしたらいいのでしょうか。

この章では、世界を知るための考え方をご紹介していきます。

誰の立場から戦争を見るか——視点の「柱」を立てて情報収集する

インターネットを通じて、誰もが世界中のさまざまな情報にアクセスできるようになりました。個人が自由に発信するSNSや動画サイトも含めると、膨大な情報が世の中に溢れています。

戦争に関する情報も同じです。ウクライナ戦争では、市民が撮影した戦闘の瞬間や、被害を受けた様子が投稿されています。

ショッキングな情報が溢れかえる今、いったいどこから戦争や国際情勢を知ればいいいのか、と迷ってしまう人もいるでしょう。「戦争を取り巻く情報は複雑で、どのように読み解けばいいのかわからない」「つい、『この人は悪人』『この人は善人』と単純な対立構造で捉えてしまいがちだけれど、本当にそれでいいのだろうか」といった疑問を抱く人もいるかもしれません。

そこで、日々情報が飛び交い、揺れ動く戦場の中で、僕が実際にどのように取材をして、戦争について知っていくのか、お伝えしたいと思います。

まず、僕が気をつけているのは、誰の立場から戦争を見るか。**視点の「柱」をつくって、情報と向かい合うことです。**

たとえば、ウクライナ情勢について知りたいと思ったなら、
ゼレンスキー大統領から見たウクライナ。
プーチン大統領から見たウクライナ。
立場を変えると、まるで異なるウクライナの実態が見えてくることがあります。

誰の、どんな視点で見るかを「柱」とイメージして、意識的に柱を入れ替えてみるのがおすすめです。たとえば、「ウクライナで暮らす市民」という柱。「軍事訓練と言われてウクライナに連れてこられたロシアの兵士」という柱。取材の中で出会った一般の市民たちの声を柱にして、知ろうとすることもあります。

置かれた立場ごとに、事情や考えは異なります。その柱を意識しながら、**できるだけ客観的に情報を拾っていく。**

実際に戦場に赴くときも同じです。漫然と「ウクライナで今、何が起きているのか？」といった大きな問いをもとに取材をするのではなく、「今はこの人たちの視点を柱に取材をしよう」と意識して、その人たちに会いに行く。直接目で見て、触れて、聞いて、感じ取っていくのです。

実際の例をいくつかお話ししましょう。

「ロシア系ウクライナ人」は親ロシア派なのか？

ウクライナ戦争が始まったとき、僕はまず、ロシアの血を引きながらウクライナで暮らしている「ロシア系ウクライナ人」の視点を柱に取材をしようと考えました。

ロシア系ウクライナ人の人々はこれまで、ウクライナでどんな立場に置かれてきたのか。

ウクライナは、複雑に民族や宗教が絡み合っている国です。東部にはロシア系のウクライナ人が多く、ロシア語の話者も多くいます。さらにゼレンスキー大統領をはじめとする、ユダヤ系のウクライナ人。ポーランド国境からわずか70～80kmに位置するリヴィウには、ポーランド系が多く、南西部にはモルドバ系が……と、さまざまなルーツを持つ人たちが、ウクライナに住んでいるのです。

さらに地理的には、ヨーロッパとロシアに挟まれた場所に位置しています。エネルギーではロシアに依存している一方、近年はアメリカやヨーロッパの連合の枠組みに

ベラルーシ
ロシア
ポーランド
チェルニーヒウ
ドンバス地方
ドネツク州
ルハンスク州
チョルノービリ
ボロディアンカ
スームィ
ブチャ
リヴィウ
ハルキウ
キーウ
イジューム
クラマトルスク
スラビャンスク
トランスニストリア
(沿ドニエストル)
ウクライナ
スロバキア
ドニプロ川
ハンガリー
ザポリージャ
ムィコライウ
モルドバ
ヘルソン
ルーマニア
マリウポリ
オデーサ
クリミア
半島
黒海
2月24日以前からの親ロシア派の支配地域
クリミア半島は2014年3月にロシアが併合

地図：ロシアの侵略を受けたウクライナの主な都市

加わるべきだといった声も大きくなってきた。そして、ウクライナの人々は、ロシアと共に歩むべきだと考える親ロシア派と、民主化を目指す親欧米派に大きく分かれていきました。

親ロシア派と親欧米派が激しく対立したのが2004年です。ウクライナ大統領選挙で、ロシアの支持を受けた候補者が当選した結果をめぐり、民主的な選挙が行われていないのではないかという疑いが起こり、政治運動が巻き起こりました。民主化を訴えた野党支持者がオレンジをシンボルカラーにしたことから「オレンジ革命」と呼ばれています。

そして2014年、欧米の影響が及んできたウクライナから、プーチン大統領がクリミアを力ずくで取り返そうとした「クリミア併合」が行われました。

こうした歴史をふまえて、今回の戦争でも「ロシアと親ロシア派」対「民主化を目指すウクライナ人」という構造が大きく報道されています。

そのため東部に多く住むロシア系の人々は、世界の報道の中では「親ロシア派」として一括りにされがちです。でも、実際はどうなのか。ウクライナに住んでいるロシア系ウクライナ人の人々はどのような思いを持って、日々を暮らし、今回の戦いを見ているのか。

そこで、まず「ロシア系ウクライナ人」という柱を立てて、この戦争を見てみることにしました。

「ロシア系ウクライナ人」にとってのウクライナ戦争

僕はウクライナを訪れると、ロシア系の人たちに会うためにさまざまな方法を取りました。といっても、さほど難しいことではありません。食堂やパーティーなど、いろんな人が集まる場所に出向くと、そこでたくさんのロシア系の人々に出会うことができました。お話をし、仲良くなって、ご自宅にお邪魔するなどのつながりを得ていきました。

ロシア系の人たちが多く住む地域を訪れ、出会った人の紹介でまた別のロシア系の方に出会い……と、まるで「わらしべ長者」のようなつながりを地道にたどっていくと、さまざまなお話を伺うことができました。

この取材で出会った、ロシアにルーツを持ち、現在ウクライナに住んでいる人たちの生の声を聞いた結果、**「戦争を望んでいない」と答える人がほとんどでした。**

実は戦争が起きる前まで、普通にウクライナに暮らしている市民たちにはロシアと敵対する意識はなく、ロシアとも距離をとりながらうまくやっていこうとする人たちが多かった、という話も聞くことができました。

実際のところ東部だけではなく、ウクライナ全域でロシア語は公用語のひとつとなっていて、街にはロシア語表記が溢れています。ロシアの食べ物や宗教に詳しい人が、案外多いのです。

ただし、わざわざ敵対する意識はないものの、ロシア系の人たちが「ウクライナはプーチン大統領と連帯し、ロシアと共に歩んでいきたい」と思っているかというと、そういうわけではない。これが取材で見えてきた実情でした。

取材を通じて「ルーツはロシアにあっても、自分のアイデンティティはウクライナにある」と語る人たちにも多く会いました。よく、「ウクライナ東部」イコール「親ロシア派」、とまとめて語られがちですが、実際に武装してロシアと一緒に戦っている人たちは、ほんの一部の、いわば過激派のような存在です。

東部に住むロシア系の人たちであっても、「私はウクライナ人」という意識を持っている人は意外と多かったのです。

さまざまな民族の人たちが暮らしながらも、ウクライナに住む人たちが「ウクライナ人」としての意識を強めている背景には、穀物地帯で恵まれた土壌を持ちながらも、大国に虐げられてきたウクライナの歴史がありました。

ソ連時代、1932年から33年頃にかけて、ウクライナでは大飢饉《ききん》が起こりました。しかし、この飢饉は、当時のソ連の最高指導者スターリンの統治下で、人為的に引き起こされたものだと言われています。

当時、ウクライナで収穫される小麦は強制的にソ連に取り立てられ、農業集団化や、ウクライナ語の禁止なども行われました。これは「ホロドモール」と呼ばれ、ウクライナ議会によって「ソ連によるウクライナ人に対するジェノサイド」と認定されています。


そうした悲しい歴史を持つウクライナ。1991年にようやく独立を勝ち取りました。しかし、2022年になってプーチン大統領が戦争を始め、さらにはスターリンを思わせるような理不尽な大虐殺を行っている。

この様子を見かねた、ロシア系も含めたウクライナの住民たちには、「もうプーチン大統領とは手を切るべきだ。なぜなら、ウクライナはもう独立国家なのだから」と認識している人が多かったのです。

ロシア系と聞くと、ついプーチン大統領やロシア側に寄った考え方なのではないかと安直にイメージしてしまいがちですが、実際にそこに住んでいる人たちは「私たちはウクライナ人です」と言う。取材の中で僕は、「ウクライナはもう独立国家なのだ」とあらためて感じました。

それと同時に、「ロシアは独立国家に攻め入ったのだ。これはまぎれもなく侵略戦争である」という認識を強めていきました。

「ウクライナで生まれたウクライナ人」にとってのウクライナ戦争

さて、次に視点を「ウクライナで生まれたウクライナ人」という柱に変えて取材をしてみると、どのような見方ができるでしょうか。

世界の報道では対立構造ばかりが強調されますが、僕が取材した限り、**ロシア系ウクライナ人の人たちに対する敵対感情はほとんど見られませんでした。**あくまでも、「ウクライナ国民はみんな同胞である」「悪いのはプーチン大統領であって、同じウクライナの国に住むロシア系の人たちに対して締めつけをしてはいけない」と考えている人が多かったのです。

こうした取材から、虐げられた歴史を持つウクライナの人たちが、今、オープンな姿勢で多様性を受け入れながら、独立国家ウクライナを支えようとしている光景が見えてきました。

もちろん、武装してロシアと共にウクライナ人を攻撃している人たちを認めることはできない。でも、東部のドネツク州や、ルハンスク州で困っているロシア系ウクライナ人がいたら同胞として助けよう、といった意識がある。ウクライナに住む人たちにとっては、クリミア半島も含めて「ウクライナ」という認識なのです。

そんなウクライナ市民の意識は、ゼレンスキー大統領の演説にも表れています。

2022年5月、アメリカの一部に「ロシアとの戦争を終わらせるためには、ウクライナの領土を割譲することが不可欠だ」という考えがあるとして、ゼレンスキー大統領はビデオ演説を行いました。

このときゼレンスキー大統領は、「見せかけの平和のために妥協することは、その地域に住むウクライナ人のことを考えていない」と語り、「(ウクライナ領土を割譲すべきだと主張した人のカレンダーには）２０２２年ではなく１９３８年の日付があり、当時のミュンヘンの聴衆に話しているようだ」「しかし、今は２０２２年だ」と述べました。

この発言は、ウクライナの領土を譲って戦争をやめさせようとするというのは、まるで、ナチスドイツのヒトラーにさらなる領土拡張を断念させるために当時のチェコスロバキア領土を与え、それが結果的に第二次大戦の惨禍を招いたとされる１９３８年のミュンヘン会談の頃のようだ、という意味の批判のメッセージです。

つまりゼレンスキー大統領は、ウクライナに住む人たちの意思として、あくまでもウクライナの領土を守ることを強調したのです。

ウクライナに行くと、このゼレンスキー大統領の言葉が大統領の独りよがりではなく、市民たちの中にしっかり根づいているものであると理解できます。

ウクライナを守る、というと、義勇兵に立候補して武器を持って戦う、といったイメージがあるかもしれませんが、それができるのは一部の人だけです。ほとんどの人は、戦闘以外の、自分にできることでウクライナを支えようとしています。

トラックを持っている人は、困っている人を助けて、目的地まで運んであげる。避難ルートを知っている人は、周りの人に教えてあげて一緒に避難する。検問所で他の市民に毛布をかけてあげたり、携帯電話を貸してあげたりする。

現地に行くと、その場の温度や呼吸の熱量を伴って、ウクライナに住む人たちの「ウクライナを支える」「ウクライナを守る」といった気持ちを感じることができました。ウクライナを守るために立ち上がり、支え合おうとする人たちはみんな仲間だ、といった雰囲気がありました。

戦争というと、つい「敵と味方」のようなわかりやすい構造をイメージしてしまいがちですが、こうしてロシア系のウクライナ人、ウクライナで生まれたウクライナ人と柱をもって実情を調べてみると、そう簡単に白黒つけられる構造は描けないということがよくわかります。

実際の戦場には、グレーゾーンがたくさんあるのです。

なぜ爆撃のスイッチを押せるのだろう？　真逆の柱から見たイラク戦争

あえて真逆とも言える立場や見方を「柱」にして戦争を見てみると、戦争の持つさまざまな面を見つめることができるかもしれません。

2003年に始まったイラク戦争。僕はイラク人に寄り添って取材をしてきました。僕が出会ったイラクの人たちは、みんな親切で温かい人たちばかり。何度も訪れるうちに家に招かれることもあって、イラクの友人がたくさんできました。

そんなイラクの友人たちという柱を立てて見ると、アメリカ軍は、容赦なくイラクに爆撃を行い、イラクの国民を残虐に殺す恐ろしい人たち、というように見えました。

そこで僕は、今度は立場を変えて、爆撃のスイッチを押すアメリカ軍の兵士たちの視点から見た戦争を知りたいと思いました。そしてアメリカ軍の従軍カメラマンとして、アメリカ軍の兵士たちが生活をするキャンプ地で生活を共にしました。

ある意味、極端な「真逆の柱」からイラク戦争を見てみようとしたのです。

アメリカ軍の兵士たちは、戦争の前線で何を感じ、何を考えているのか。なぜ彼らは、優しいイラクの人たちの命を平気で奪えるのだろうか？

そんな疑問を持っていた僕の前に現れたのは、いたってふつうの若者でした。

ふつうの青年が行う残虐な行為

アメリカ軍で兵士として働くのは、18歳から20代前半の若い男性たち。訓練しているので体つきは大きく、武装して銃を抱えると、戦争映画に出てくるようなタフガイに見えます。しかしヘルメットや防弾チョッキを脱ぐと、みんなあどけない青年の顔になりました。

彼らはイラクについてほとんど何も知りませんでした。イスラム教やタリバンについても知らない。厳格なイスラム教徒に会ったこともない。さらには、イラクの首都がバグダッドであることすらも知らないのです。

キャンプ地にいる間、アメリカ軍の兵士たちはヒップホップやレゲエを聴きながら、アメリカにいる彼女やお母さんとビデオ通話を楽しんでいます。しかしミッションが与えられると、戦場の前線に向かい、ミッションを消化したらキャンプ地に戻ってきて、食事をとり、トレーニングをして、眠る。翌日はまたミッションのために前線へ。ロボットのように毎日のルーティーンを繰り返している。

彼らを動かす原動力は、戦争の大義ではありません。兵士として1年間働けば、まとまったお金が手に入る。そのお金を大学に進むための進学資金にしたり、ビジネスの開業資金にしたり、結婚資金にしたりする。

個人的な動機のために、ドライな感覚で戦場にきて、はじめて前線に入り、チームで協力してミッションをクリアしていくといった感覚です。

爆弾を落とすイラクという国、そこで暮らしているイラクの人たちについて何も知らないから、ロボットのようにミッションを遂行できる。考えずにスイッチを押せるのです。

「悪の凡庸さ」という言葉が頭に浮かびました。ナチスの強制収容所から脱出した経験を持つハンナ・アーレントが提唱した概念で、ナチスによるユダヤ人迫害のような「悪」は、悪魔的な人たちによって成し遂げられるのではなく、平凡な、思考停止した人間によって行われるという考えです。

平凡な人間が、自分の家族や夢のためのお金を稼ぐために思考停止し、なんら罪の意識を感じることなく残虐な行為に加担してしまう。

でも前線で戦い、仕掛け爆弾に巻き込まれた仲間の体が吹き飛ぶような状況を目の当たりにするうちに、どんどん精神が壊れて、自分が保てなくなっていく。

ベトナム戦争で指摘されたPTSDの問題は、この戦場でもありました。眠れなくなるのは当たり前。ほかにも、突然叫び出したり、装甲車の窓に頭をがんがんぶつけたりと、精神が壊れてしまう人がいました。

さらに兵士の中には、アメリカに帰還した後に精神を病み、暴力的になったり、日常が送れなくなってしまったりする人もいました。戦場のような特殊な連帯感を味わえる場所を求めて、再び、別の戦場に戻っていく人たちがいるのも特徴的でした。

将来の夢や、幸せな生活のために戦場に行ったはずなのに、ふつうの日常にすら戻ることができなくなってしまう青年たちを、僕はたくさん見てきました。これが真逆の柱を立てて取材したことによって知った、もう一つの戦場の悲劇でした。

ふつうの青年たちが狂気の世界に巻き込まれていくのは、イラク戦争に限ったことではありません。

アフガニスタン紛争でも、僕はアメリカ軍のキャンプ地に入り、アメリカ軍や多国籍軍を柱に戦争取材を行いました。やはり兵士たちは若者が多く、素直で、どこにでもいるような青年ばかりでした。

交代制で休憩をとるのですが、その過ごし方は、日本の若者が、アルバイトの休憩時間にしていることと、そう変わりありませんでした。SNSを見る。軍の規律に触

銃を構える多国籍軍所属のアメリカ軍兵士

戦場の青年兵士

れない範囲で、自分も投稿をする。軍用ネットを使って、家族とビデオ通話をする。テントの中には、15個ほどのベッドが並べられていました。前線からあがってきた兵士は、防弾チョッキやヘルメットを脱ぐと、すぐにパソコンで『24 -TWENTYFOUR-』や『プリズン・ブレイク』といったドラマを見ている。またシューティングゲームに興ずる人もいました。

本当に、どこにでもいる若い男の子たちです。その子たちが自分の番がきたら前線に出かけていき、銃撃や爆撃を行う。目の前で地雷を踏んだ仲間がばらばらになっていく。

爆弾のスイッチを押すアメリカ軍の兵士。そんな柱で戦争を見てみると、眼前に広がっていたのは狂気の世界でした。

教科書の中の歴史は「今」に続いている

ほかにも戦争を知る入り口はたくさんあります。たとえば、「戦場にいる子どもたち」という柱。

次のページの写真は、イラク戦争で僕が撮影したものです。イラク戦争は戦闘開始が2003年、終結宣言が2011年と非常に長かったので、その間にもたくさんの子どもたちが生まれました。

病院の産婦人科に取材に行くと、子どもの誕生を喜ぶ人たちの笑顔がたくさんありました。戦場とは思えない光景で、なんら特別ではない日常が広がっていました。

戦場に生まれてきた子どもたち。どんな暮らしをしているのか。学校には行けるのか。

こうした視点からも、戦争について知ることができるのではないかと思います。


また別の視点として、「かつて戦争を経験した日本」という柱。

世界を回ると、第二次世界大戦を通じて日本を知っている方にたくさん出会います。

自国にやってきた日本の兵士を通じて、日本語を知り、流暢に話せるようになった方や、日本の童謡を口ずさむことができる方。ミャンマーやインド、バングラデシュの山奥で、日本についての教育を受けた方に出会うこともありました。

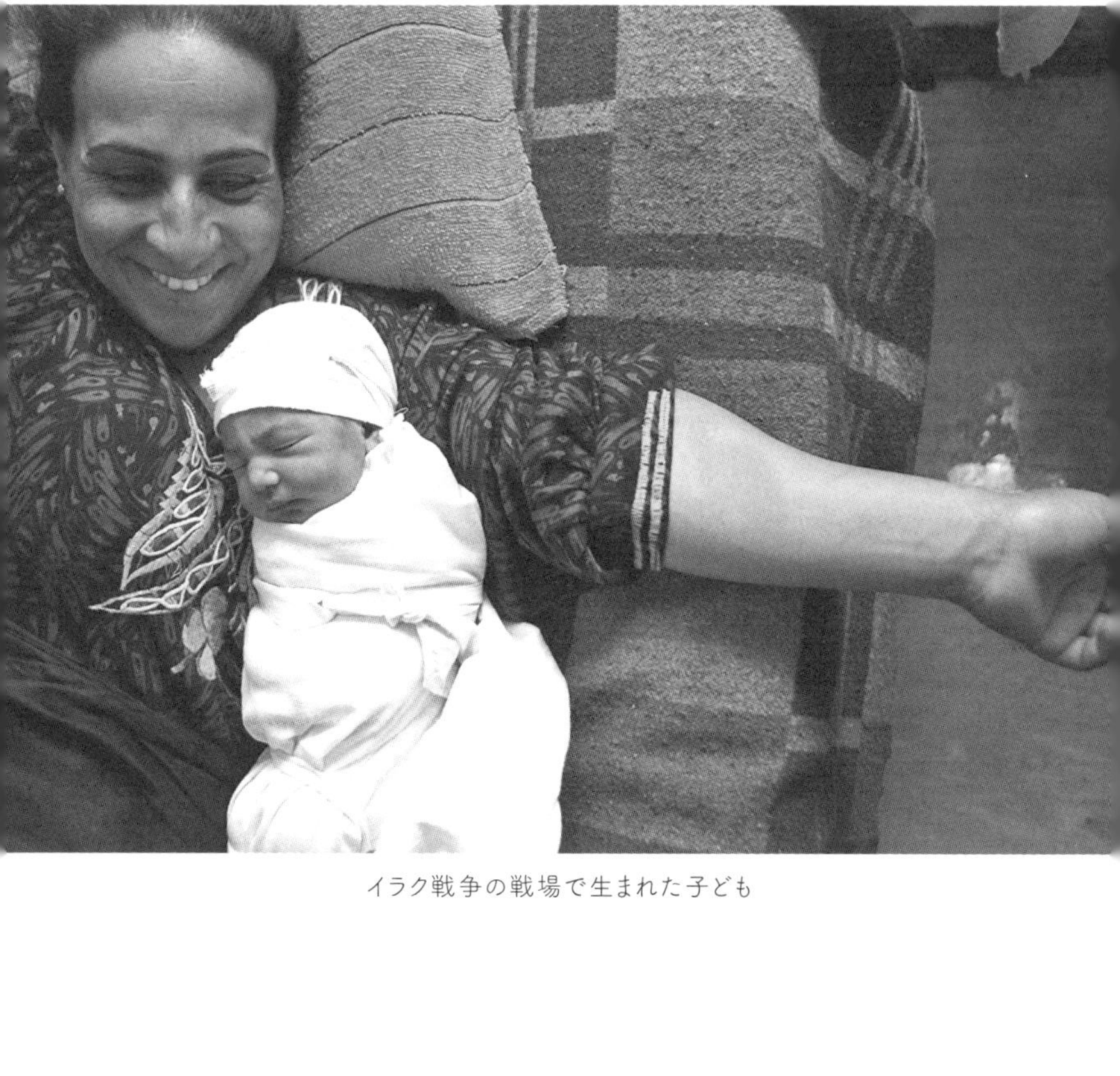

イラク戦争の戦場で生まれた子ども

僕たちは歴史の教科書で、日本がかつて戦争をしたことは知っています。ただ、過去の出来事として実感がわかない若い方も多いでしょう。

しかし、世界に足を運ぶと、今なお「戦争を経験した国」として日本を見て、戦争を通じて日本という国や日本人を知っている人たちがたくさんいるのです。**歴史は教科書の中にあるのではなく、確実に「今」につながっている**んだと身震いします。

どこの誰の視点から戦争を見るかで、見え方が変わる。みなさんもニュースを見るときに、意識的に視点の「柱」を変えながら、情報を捉えてみてください。きっと、これまで知らなかったことが見えてくるはずです。

「生きた情報」から知る戦争

現地に出向き、生身の人と接するからこそ感じ取れる情報があります。そうした「生きた情報」に触れてみることは、そこで暮らしている人たちの生活を知るヒントになるはずです。

たとえばウクライナ戦争では、戦闘要員の対象年齢となる18～60歳の成人男性は原則として出国が禁止されました。これが世界中で報道されると、日本に住んでいる人たちや、世界各国からは「戦争している国の中に閉じ込められるなんてひどい」といった声があがりました。

しかし、ウクライナに入り、話を聞いてみると、実態は「閉じ込められる」というニュアンスとは少し違うように僕は感じました。ウクライナの人たちは家族や地域のつながりが密で、ウクライナという国のために自分ができることをいつも探している、オープンマインドな人たちが多いです。

大事な自国が戦争に巻き込まれた今、自分にできることがあるならウクライナにいたい、ここで国を守りたいとおっしゃる人も少なくありません。ウクライナ国軍の人に限らず、ふつうに暮らしている市民の人々からも、こうした声をよく聞きました。

外から見て考えることと、そこで何十年と暮らしてきた人たちの姿勢にはギャップがあるものです。ウクライナが大規模な兵力を有するロシアの攻撃に耐え抜いている背景には、ものすごく強い軍隊の存在というよりもむしろ、一人ひとりが助け合い、支え合う、ウクライナの人たちの「優しい連帯」があるようにも感じ取れます。

スマホを通じて「生きた情報」に触れてみよう

「生きた情報」を求めて、実際に紛争地帯に足を踏み入れて取材をするのは、常に危険と隣り合わせです。

僕自身も過去に、危険な目に遭ったことが何度もあります。イラク取材のときは、車で移動していたところ、武装組織の車が横にぴったり張りついてきて、車の窓から銃口を向けられ、撃たれそうになったこともありました。

いかなる国であっても、土足でその現場に足を踏み入れないことが大切です。取材を進めるには、できる限りその国のルールに則っていく。そのためには、一人で動いてはいけません。信頼のおけるガイドさんや、通訳の方に協力してもらう。

イラクで撃たれそうになったときも、一緒にいたガイドさんが、僕が何者で、なぜこの場所に入ってきたのかを、銃を向けてきた男に説明してくれました。ガイドさんが機転をきかせて、言葉のアクセントや宗派などを相手に合わせて話をしてくれたおかげで、武装した男は銃を下ろし、間一髪で助かりました。


事件に巻き込まれるときは、いつも突然です。しかし、現地で生まれ育ったガイドさんや通訳の方は、外国人の僕にはわからない、ちょっとした違和感を肌で感じ取ります。

知らない人がいる。見慣れない車がある。履いているサンダルの種類や、ちょっとしたアクセントの違い。

こういった些細なことで、「ひょっとしたら、自爆テロを起こそうとしている人がいるのではないか」と危険を察知します。安全に取材を行うためには、ガイドさんや通訳の方の協力は欠かせません。

現地に出向いて、こうした「生きた情報」を得るのは、僕たちジャーナリストの役割です。一般の方は、なかなか現地に足を踏み入れることはできないでしょう。

ただ、今はSNSなどを通じて海外の人、戦場に身を置いている人の声に耳を傾けることができます。その人たちの言葉や撮影した写真や動画からは、リアルな息づかいが聞こえてくるようです。

その場にいる人が何を見て、何を感じ、どう考えているのか。スマホを通じて、みなさんもぜひ「生きた情報」に触れてみてください。

「数字で見る情報」から知る戦争

一方、現地から離れた日本にいる間に情報収集するときは、「数字で見る情報」で戦場を捉えることを意識しています。

現地で取材をしていると、今起きていることの全体像を把握することはできません。大きな流れをふんわりとしか摑めない中で、一人ひとりの話を聞いていくようなイメージです。

一方、離れたところにいると、具体的な数字で戦場を捉えた情報が次々と入ってきます。避難民の数や、戦争が起こってから何ヶ月で何人亡くなったのか。それを検証したのはどの機関か。

このように数字で捉えてみると、個別の出来事一つひとつがガチャン、ガチャンと連結されて、塊のように捉えやすい情報になっていきます。

ウクライナの首都キーウが再び攻撃を受けた、というニュースが飛び込んできたら、何人の犠牲者が出たのか。その弾道ミサイルの飛行距離は何kmか。その飛行距離であれば、どの地点から撃たれたと考えられるか。

現場の前線にいるときは、たった今撃ち込まれたのがミサイルなのか小型ロケットなのかもわかりません。それよりも、自分の身を守ることに必死です。

しかし、前線から離れて、安全な場所にいる間は、入ってくる情報を俯瞰で見ながら、冷静に起きたことやその規模を摑むことができます。

そうした情報を見るときは、情報の出所や正確性をチェックします。国連や赤十字国際委員会（ICRC）からの情報か。ウクライナ危機管理委員会からか。あるいはロシア側が出した声明か。同じ出来事について複数の出所からの情報を見比べてみると、少しずつ数字が違うことがあります。

比較することで、あからさまにおかしい情報に気づいたり、ある国や組織に有利な情報を流していないかと疑ったりすることもできます。

個人や現場から感じ取れる「生きた情報」と、俯瞰で大局を捉えられる「数字で見る情報」。両方を組み合わせながら知っていくと、さまざまな面が見えてくるはずです。

溢れる「フェイクニュース」の見抜き方

情報戦の激しさが特徴的な、今回のウクライナ戦争。情報の持つ力は、戦況、そして国際情勢を左右するほど強くなっています。武器に限らず、情報が相手を攻撃し、徹底的に破壊してしまうこともあります。

しかし、中にはフェイクニュースもたくさんあると言われています。

ウクライナ戦争では、ＡＩによるフェイク画像の生成方法「ディープフェイク」の技術を使って、ウクライナのゼレンスキー大統領が降伏声明を出すというフェイク動画が出回りました。

ほかにも、TikTokやTwitterで公開されている、一般市民の動画や投稿が、実はある人たちによって、自分たちの主張を有利にもっていくためにつくられたものだったり、主張に合わせて編集・加工されていたりすることがあります。画像の編集や加工の技術はどんどん進化していて、一見しただけでは見破れないものも増えています。

では、フェイクニュースに左右されないために、どのように情報を見極めていけばいいのでしょうか。

戦争映画のような「面白い」映像に注意する

僕はいろんな情報を見るとき、面白すぎる話や映像、気持ちよすぎるストーリーには注意するようにしています。映画のように面白く楽しめるような情報が流れてくると、「ちょっと、できすぎていないか？」と警戒するんです。ウクライナ戦争が始まった頃も、流れてきた情報を見て、「あ、これは明らかにフェイクニュースだな」と気づいたことがありました。

2022年2月24日、ウクライナの首都キーウの国際空港に、ロシア兵が上空からパラシュートで次々と降り立った、というニュースが飛び込んできました。ロシア軍の兵士が降り立つ動画まであったのです。

ロシア軍には、輸送機からパラシュートなどを使って地上に降りられる空挺部隊があり、ウクライナ戦争以前も中東などで活躍していました。その部隊の兵士たちがキーウに次々と降り立つ映像は、プーチン大統領が描く物語のスタートとしてあまりにもできすぎていると思いました。

というのは、その時点でキーウ上空の制空権は、当然ウクライナが持っているわけです。ウクライナ国軍が約20万人もいて、キーウ中心部の上空にロシア軍の巨大な輸送機、しかも軍用機が入ってきたら、ウクライナ国軍のレーダーでキャッチするはずです。

それなのに、ロシア軍の兵士が何十人もキーウの地に降りてこられるというのは、戦争映画の始まりの場面のようで、「できすぎている」。

僕はこの映像を見て、「ああ、これはフェイク動画の戦いが始まったな」と思いました。

以降、似たような怪しいニュース、動画がたくさん出てきました。たとえば、ずらっと並んだロシア軍の大きな戦車が、弧を描いて進行し、首都キーウに向かっていくモノクロの動画なんてものもありました。まるで第二次世界大戦時代の映像のようです。アリの大群のようにずらずらと戦車が並んで行く。橋の手前で戦車が止まり、戦車の前でロシア兵がコーヒーを飲んでいる。

戦争映画のようで、見ている分には「面白い」のだけれど、やっぱりおかしいですよね。これだけの戦車が大移動するのに燃料はどうしているんだろうとか、正規軍を持っているウクライナの首都手前まで、ロシア軍の戦車が列をなして乗り込んでこられるわけがないとか。ちゃんと見れば、おかしなことはたくさん見つかるのです。

でも、「本当に戦争が始まったらしい」と情報が錯綜しているタイミングで、こんな映像が届くと、「これも本当に起きていることかもしれない」とうっかり信じてしまう。僕も実際に映像を見たとき、一瞬「え?」と釘づけになりました。

劇的な瞬間がすべて映る映像は不自然

僕は約30年間戦場で取材をして、撮影してきた経験から「爆発や攻撃などは、前触

れなく突然起きる。だから起きたことの全体像を、うまく映像におさめられることはそうそうない」と確信しています。

兵士がパラシュートで降りてくる場面で、兵士が降りてくる前からカメラを構えていて、今まさに降りてきたところが映画のようにきれいに映っているとしたら、「怪しいな。降りてくるのが事前にわかるわけがないのに」と違和感のアンテナが立ちます。

それから、カメラを構える場所が不自然であること。僕は現場の経験から、撮影できる場所には限りがあることを知っています。

たとえば、爆弾が爆発するシーン全体を写すためには、人間の目線の高さではなく、もっと高いところにカメラを設置しておかなければいけない。こんなところにカメラが置いてあるのは不自然だ、などと気づくこともあるのです。

僕自身、どこかの国の軍の従軍カメラマンとして戦場に入る場合でも、俯瞰で状況を見て、その場その場で起きる出来事をしっかり狙ったうえで撮ることはほとんどできません。事前に「ここで爆発が起きる」とわかることはありませんから。

報道カメラマンは軍や兵士たちと生活を共にして、ずっと時間をかけてその場にいる。それでも撮れるかどうかわからない。

たまたま印象的な場面に立ち会うことがあれば、その瞬間にカメラを向けられるかどうか。そもそも立ち会うことが少ないうえに、遭遇したときにカメラの電源が入っているか、すぐにシャッターを切れるかと考えていくと、劇的な瞬間を撮影するのはとても難しいことだと想像がつくでしょう。

撮影できたとして、その瞬間に写真の構図などを熟慮している余裕はありません。だからたいてい、いろんなものが映り込んでいたり、逆に見切れていたりします。兵士がいて、攻撃の対象がいて、ミサイルが飛んでいって、とあまりに構図がしっかりできていて、まるで戦争映画のパンフレットに載っていそうな写真を見ると、やはり違和感を覚えます。

絶対に撮ることができないとまでは言えませんが、長年、戦争報道に携わる人でもなかなか撮れないものがたくさん世に出てきたら、さすがに不自然だなと感じますよね。

公式に発信されている情報にも疑いの目を向ける

また、ウクライナ軍、ロシア軍、それぞれが公式に発信している情報には、少し疑いの目を持ちながら触れたほうがいいでしょう。フェイクニュースを流している場合もありますし、そこまでしていなくても、自分たちにとって有利な情報になるように管理した、偏った発信である可能性はあります。

逆に**真実性が高いのは、一般市民、特に避難している方たちが撮影した、通しの映像です。**

たとえば、ウクライナの東部。爆撃を受けている地帯から避難する方たちが、カメラを回しっぱなしにして撮影した映像。自宅の階段をドタバタ降りて、車に乗り込む。途中、しゃべる声などが入っていて、車で逃げていく過程で、大きな音がして振り返ると煙が上がっている。テロップが入ったり、音楽で煽られたりと、余計な演出が入らない。

ウクライナの激戦地帯から逃げていく人たちの撮った映像には、戦場のリアルがむき出しのままで映っている映像がいくつもありました。

ウクライナ戦争では、事実もフェイクニュースも入り乱れ、SNS上に膨大な量の情報が流れています。それらをチェックすることで、僕自身、フェイクニュースのつくり方や情報の流通についてとても勉強になりました。

これまでのテレビを中心とした報道では、数分の映像でじっくりとニュースを伝えていくのが主なやり方でした。しかし、最近はTikTokやショート動画が流行しており、とにかく「バズる」場面を切り取った動画が、インターネットを通じて世界中にとんでもないスピードで広がっていきます。

そうした動画のパワーが、今回のウクライナ戦争において、良くも悪くもウクライナへの同情的な見方へとつながり、支える力になっているのです。

写真は想像力のスイッチ

戦争の現場で撮られた写真はたくさんあります。この本にも、僕が世界で撮影してきた写真を掲載しています。ただし、日本に住んでいると、戦争が起きている国を遠くに感じることも多いでしょう。

訪れたこともない遠くの国で起きている、自分とは無関係な出来事。そんなふうに距離を感じ、自分ごととして考える機会はほとんどない。そんな人にとって、戦場や世界のさまざまな場所で撮られた写真は、「なんだかピンとこない」「どんなふうに見たらいいのかわからない」ものかもしれません。

僕は「写真」とは、想像力のスイッチになるものだと考えています。たとえそこに写っているのが、自分にとってまったく知らない場所であっても、着ている服や食べているものに馴染みがなかったとしても、見方によってはたった一枚の写真によってさまざまなことに気づかされ、自分の感情が揺さぶられることもあるのです。

では、実際に写真を見ながらお話ししてみたいと思います。

床に座る女の子たちの写真

まずは、次のページの写真を見てください。あなたは、どのように感じるでしょうか。

ベールを身にまとった女の子たちがたくさん集まって、座っていますね。

ベールを身にまとった女の子たち

さて、ここはどこでしょうか。

写真に写っているのは、みんな学校に通う年頃の子どものようです。ここは学校の教室でしょうか。だとしたら今、何をしているんだろう。先生の話を聞いているのでしょうか。それとも勉強しているのでしょうか。

こんなふうに、この写真の中にある状況を想像してみてください。自分の知っているものと比べたり、「学校ならこういうものがあるはず」などと連想してみたりする。

すると、徐々に違和感が出てきます。もしここが学校だとしたら、日本の教室とはあまりに違う光景ですよね。一人ひとりに机と椅子が与えられているのではなく、彼女たちは床にそのまま、しかも狭いところにぎゅうぎゅうに集まるようにして座っています。

さらに、教室はなんだか殺風景です。日本の教室なら、温かい雰囲気の飾りや生徒が書いた絵など、掲示物がいろいろあるはずなのに。彼女たちの表情も暗く、教科書やノート、文房具を持っている様子もありません。

実は、この写真は、紛争中のアフガニスタンの学校で撮影した写真です。当時、戦場の最前線にあったこの学校は、建物が破壊され、窓も割れていたのですが、地元の大人たちや学校の先生が一生懸命掃除や修繕をして、なんとか地域の子どもたちが集まれるようになったのです。

そしてよく見ると、女の子ばかりが写っていますよね。アフガニスタンは国民のほとんどがイスラム教を信仰しています。この学校でも、イスラム教の教えに則って男女別の教室になっているのです。

あなたが知っている日本の教室と違うところはどこか、といった比較の視点で見てみると、実は写真の中から、イスラム教の考え方や生活慣習、戦争下の学びの場であることなど、多くのことを感じ取ることができます。

当時のアフガニスタンで、タリバンの武装組織とアメリカ軍が前線で激しくぶつかり合い、戦い合っている場所で、大人たちが必死で守った「戦場の学校」。さまざまなものを失い、大切な生活を壊されていく日々。

でも、床に座ってでもいいから、子どもたちは学びたい。楽しいムードではないけれど、こうして集まることで何かを変えていこうという希望がある。

このようにたった一枚の写真から、戦場の子どもたちや、地域の大人たちの思いを想像することができるのです。

女性が子どもを抱っこする写真

もう一枚、次のページの写真を紹介します。

ベールを身にまとった女性が子どもを抱っこしています。若いお母さんでしょうか。

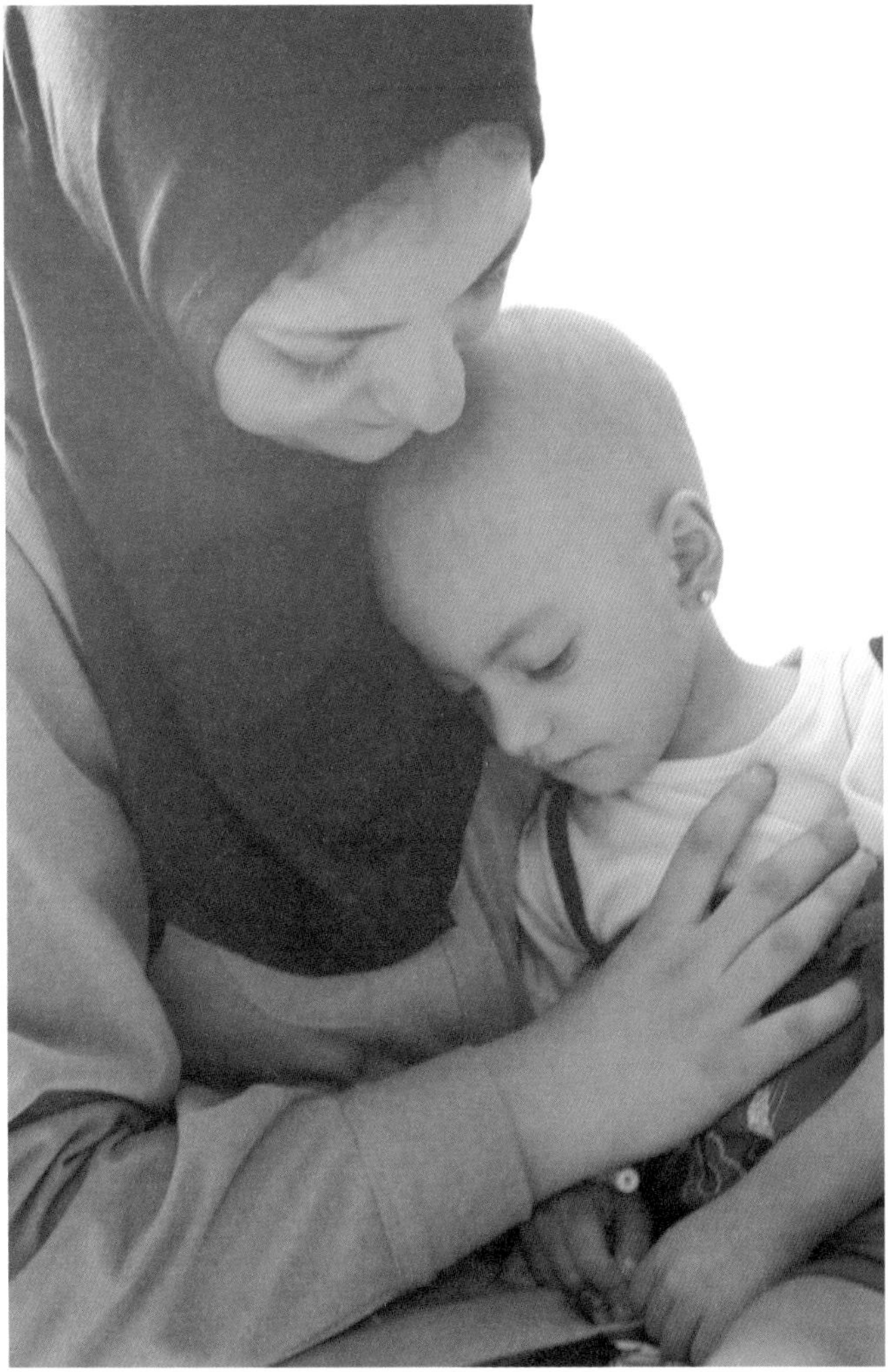

子どもを抱く、ベールを身にまとった女性

抱かれた子どもは3歳くらいのようですね。

この写真を見て「どうしたんだろう?」と心配するような気持ちになった人もいるでしょう。子どもには髪の毛がありません。少しやせているようで、元気がないように見えます。お母さんもうつむいています。

この写真は、イラクの病院で撮影したものです。

この子は白血病に冒されていました。治療を受けるものの病気は進行し、やせ細り、髪の毛が抜けていく。お母さんは泣きながら、我が子を抱いて、僕に「撮ってください」と言いました。その後、この子は亡くなりました。

この子どもは、戦争中に爆撃や空襲にさらされて破壊された街で生まれました。イラク戦争では一部の攻撃に化学兵器が使われたため、その化学兵器の影響を受けて、生まれてきた赤ちゃんや子どもたちの中には白血病やがんを患う子たちが多くいました。

日本でも原子爆弾が投下された広島、長崎で、被曝によって白血病を発症した方が多くいたといわれています。終戦後も命の戦いは続いていた。

この写真からは、戦争というのは兵士が引き上げたら終わりではないのだということがよくわかります。戦争が終わった街で、新しく生まれてくる命が奪われていく。「第二の戦争」とでも言えるでしょうか。それはイラクで、また世界中の戦争があった国で静かに続いていく。

こうして一枚の写真から想像を膨らませていくと、知識として知っていた戦争の一場面と現実がガチッとつながる瞬間があります。写真は映像と違って止まっている、その瞬間だけを切り取った情報だからこそ、いくらでも想像力を広げていけるものでもあると僕は感じています。

若い方が見る、働く大人が見る、子育て中の方が見る、高齢の方が見る。それぞれ感じ方は違うかもしれません。でも、写真の中に自分がよく知っているものや、自分の生活との共通点を探してみたり、逆に自分の暮らしと違うところを発見してみたりすると、想像力のスイッチが入って、思考が動きはじめる。

誰かと話してみてもいいですし、「なんで?」「これはどうなっているの?」と自分に問いかけてみると、自分が感じたことが言葉に結びついていきやすいかもしれません。

ここでご紹介した2枚は、僕にとって、戦場の現実がよくあらわれた印象的な写真です。残虐な殺し合いや、血が噴き出す様子が写っているわけではないのだけれど、**日本にもありそうな風景の中に「戦争」がある。**学校、親子という身近さが、いっそう僕に何かを訴えてくるような気がしています。

写真1枚が想像力のスイッチになる。これは戦場の写真だけでなく、広告写真や、新

聞や雑誌の写真でも同じです。ぜひそこに写っているものから、さまざまに想像を広げてみてください。

この章で考えたいこと

Q 普段テレビやSNSで情報を見るとき、どの視点、どの立場から見ていたでしょうか？

5章

平和のためにできること

――②世界とつながる

キーウを取材中の著者

平和のためにできることの二つ目は、世界とつながることです。世界とつながるために、僕たちにはどのようなことができるのでしょうか。

この章では、僕がこれまでSNSやテレビで発信してきた経験や、世界各地で人とのつながりを築いてきた経験から、世界とつながる方法や気をつけるべきポイントをご紹介したいと思います。

発信で世界とつながる

近年、世界とつながる方法としてSNSの存在を無視することはできません。僕もSNSを利用しながら、自分が情報収集した戦場の「今」について発信しています。特にウクライナ戦争が始まってからは、ほぼ毎日、Twitter やInstagram、TikTok、ブログ、また音声メディアのVoicyなども活用しながら、ウクライナ情勢について伝えています。

なぜ僕がそれほどSNSでの発信に力を入れているかというと、今、遠い戦場で起きていることを、戦争や国際情勢に興味がない方たちにも伝えたいからです。

僕が戦場カメラマンとして、テレビ番組などのメディアに出演するようになったのは、2010年頃からでした。

それまではフリーのカメラマンとして戦場の写真を撮り、取材したことを新聞記事や雑誌記事の形で発信するのが、僕の主な仕事でした。

ところがあるとき、さまざまな職業の方たちに仕事現場の裏話を聞くテレビ番組からオファーがきました。しかもニュースや報道番組ではなく、深夜のバラエティ番組の出演依頼です。

僕は戦場に赴く者として、面白おかしく裏話をしていいものだろうかと悩みました。それで僕の写真の師匠に相談してみたところ、「ジャンルを問わず、戦場について伝えられる機会があるならやってみればいい」とアドバイスをもらい、出演を決めたのです。

以降、テレビ番組のオファーをたくさんいただくようになりましたが、出演するときには、戦場の写真を少しでも紹介させてもらえないかとお願いしていました。

僕がテレビに出るようになって強く感じたことがあります。それは、多くの人が楽しむテレビというメディアを通じて、お茶の間の子どもたちに、国際情勢を知ってもらうためのきっかけを届けられるということです。

ご飯を食べながら、家族みんなでテレビを見ていると、ベレー帽を被って、ひげを生やしたおじさんが出てくる。番組を楽しみながらも、子どもたちはふと疑問に思って、家族に聞く。

「お母さん、このひげのおじさんが言っているアフガニスタンってどこにあるの？」「なんでイラクで戦争が起きているの？」「おじさんが撮った写真、どうして子どもたちが泣いているの？」「戦争って何？」……。

こんなふうにして、かしこまった会話の中ではなく、たわいもない家族の団欒《だんらん》の中で戦争が話題にあがる。すると、学校の授業で戦争について聞くときも、ちょっと興味を持ってその場に臨むことができる。

そのきっかけを届けられるのは、僕にとって嬉しいことでした。これまで戦場の情報が行き届かなかった人たちと、戦場の「知ってほしい」と祈っている人たちとの間に、架け橋がかかるような感触がありました。

若い世代に戦場に触れてほしい理由

僕がみなさん、特に若い世代に戦場に触れてほしかったのは、**戦場取材を通じて「戦争の犠牲者はいつも子どもたち」と常に思ってきたから**です。

今もなお、戦争の犠牲になっている子どもたちや、若い世代の人々がいることに、少しでも気づいてほしい。その人たちの暮らしに触れて、何かを感じ取ってほしかった。

新聞や雑誌などで戦争の記事を読むのは、そもそも国際情勢に関心がある人たちがほとんどです。興味関心がない人たちにも、僕は戦場で起きていることを知ってほしかった。「戦争について勉強しましょう」といった堅苦しい場ではなく、もっとラフに、世界を感じてほしかったのです。

そして今、環境が変わり、これまで情報が届かなかった人にもさまざまな方法でリーチできるようになりました。さらには、届けられる情報の質も変わってきています。

僕が戦場取材を始めた頃は、フィルムで撮影をしていた時代です。戦場で撮った写真を日本に持ち帰り、現像し、雑誌や新聞の編集部に持ち込むので、読者の方たちに届けるまでにはタイムラグがありました。

その後、撮影環境もデジタルへと次々に切り替わり、現場で撮った写真を、インターネットを通じて、すぐに編集部に送ることができるようになりました。今起きている状況を、そのままライブ感を持って届けることができるようになった。

さらに、このSNS時代です。伝えたいと思ったことを、編集部などのフィルターを介することなく、僕個人が直に発信することができる。いわば、ひとり編集部、ひとりメディアが可能になったわけです。

特に、戦場で触れ合った方たちの声や、僕が直接見たものを、そのまま読者の方に届けられるようになったことは、大きな転換点になりました。発信のスピード感や情報の伝わり方が、一昔前とは大きく変わっているのです。

僕自身、最初はSNSについても、どのように利用すればいいのかわからなかったのですが、手探りで毎日発信してきました。今では徐々に、世界中の方たちと直接つながることができる実感を得てきています。みなさんの反応を見ながらどのような伝え方がいいのか、より良いつながり方を日々模索しているところです。

一方で、メディアや編集部を介さない分、どのような情報を届けるか、どのように世界とつながるか、自分で責任を持って考え、判断していかなければいけません。

これはもはや、僕や伝える仕事に就いている人たちだけではなく、SNSを利用するすべての人にとって欠かせない視点です。

「本当にこれを伝えるべき？」と考える

僕が発信するときに気をつけているのは、あまりにも悲惨な情報や写真は掲載しないこと。見るのも耐えられないような戦場の残虐な面を発信して、むやみに人を傷つけないようにする。

もちろん実際の戦場で、むごい攻撃の跡や亡くなっていく人々を目の当たりにして、撮影することもあります。でも、その写真をさまざまな方に届けていいのか。いざ発信をする前に、「本当にこれを伝えるべきなのか？」と自問自答するようにしています。

むごい写真をそのまま掲載しないという方針は、僕が戦場カメラマンとして経験を積みながら「僕が伝えたい情報とは何か」を考える過程で、できあがってきたものです。

まだフィルムカメラを使っていた頃、現像した写真を持って、新聞社や雑誌の編集部を一つひとつ回っていたことがあります。そのときによく求められたのは、戦場の残虐さがわかりやすく伝わるショッキングな写真でした。極端に言えば、「遺体が並んでいるような写真はないか」と言われたのです。

でも僕が実際に戦場で見て、心を動かされたのは、激しい戦闘の跡や残虐なシーンよりも、むしろ、そうした戦場と隣り合わせに、家族や子どもたちの何気ない日常があることでした。

駆け出しの頃には、より前線に切り込んで、激しい戦闘のシーンを撮りたいと思っていたときもありました。でも今は、柔らかな日常生活もはらんだ戦場の現実を届けようと、発信する写真を選んでいます。

「何を選んで伝えるか」には、伝えようとしている自分が信じている考え方、感性、そして自分自身がありありと表れるものです。

発信の前には「万が一」「万が一」と冷静に見直す

以前、さまざまな国籍のカメラマンと、取材を共にしたことがありました。イギリス人、カナダ人、ナイジェリア人、チリ人、そして日本人の僕。同じ取材場所を回り、同じように写真を撮りました。

後日、それぞれのカメラマンが、配信用にどんな写真を選んだかを見比べてみると、ひとつも似たような写真がなく、まったく違うものだったのです。

一人ひとりが育ってきた環境や、その人たちが持っている感覚、思いによって、写真の選び方がまったく違った。届けたい相手のことを想像しながら、写真を選んでいるのでしょう。僕ならやっぱり、日本の人たち、特に日本の子どもたちのことを考えているのです。

僕はそれまで世界各国で取材をしてきて、自分が日本人だという感覚を取材先に持ち込んでいる感覚はまったくなかったのですが、「日本人カメラマン」としての感覚が自分の中にあることに気がついて驚きました。

「本当にこれを伝えるべきなのか？」

実はこの問いについては、ＳＮＳが生まれるずっと前から、僕が世界中で出会ってきたカメラマンやジャーナリストからたびたび助言を受けてきたことでもあります。

写真や記事を発信する前に、「万が一」「万が一」という言葉を口癖にして、繰り返すようにしよう。

発信をする前に、少し間を置いて、自分が伝えようとしていることを見直しなさいという意味です。「万が一」まずい表現があったら？「万が一」誤解を生むことがあれば？　このまま記事を配信するボタンを押して、本当にいいだろうか？

この問いかけは、みなさんがＳＮＳで発信するときにも有効だと思います。ブログなどを書いて、勢いよく投稿ボタンを押すのではなく、その前にちょっと深呼吸して

「万が一」「万が一」と言いながら、自分の投稿を冷静に見直してみてはどうでしょうか。

リアルタイムで思ったことや感じたこと、その場で見たものをむき出しで伝えられるSNSは、これまでつながれなかった人たちや場所とのつながりを得られる便利なツールです。タイムラグなしに、そのまま世界と接続できるからこそ、発信するときには「万が一」「万が一」を口癖にして、冷静に確認してみてください。

そして大事なのは、自分が見たもの、聞いたもの、撮ったものを、無理して立派なものに仕立てようとするのではなく、自分の心が感じたそのままの言葉で伝えていくこと。

こうした姿勢でSNSを活用していくと、世界と自分がつながっていく感覚が得られるのではないかと思います。

不安を煽らない、恐怖を拡散しない

戦争について発信しようと思うと、自分の主義主張を伝えなければいけないと力が入ってしまう人もいるかもしれません。でも僕は、もっと肩の力を抜いて、リラックスしてSNSを活用してもいいと思っています。

世界にはさまざまな考えを持つ人がいます。反戦を掲げる人も、平和のために戦うべきだと考える人も。SNSでは時に、立場の異なる人たちの間で対立が起こり、罵詈雑言が飛び交う様子を目撃することがあります。そうした場面は全体のほんの一部のはずなのですが、過激なシーンには注目が集まりがちです。

ただ、SNS上の過激な言動で注目を集めたり、ビジネスの戦略としてSNSを使おうとしたりする人たちがいる一方で、ほとんどの人にとってSNSとは、日常のささいな1コマを発信し、好きなものや応援している人を介したつながりを得ていく場ではないでしょうか。

実際には誰かを攻撃しようとする人よりも、地に足をつけて、交流を楽しんでいる人たちのほうが多いような気がします。

ポジティブな声も、ネガティブな情報も溢れていて、閉鎖的にも破壊的にもなりかねないSNSですが、今は過渡期であり、このうねりが熟成されていって次のステージに入っていくのでしょう。

SNSはアルゴリズムによって、使う人ごとに異なる情報が表示されるようになっています。楽しくリラックスして発信を楽しんでいる人は、楽しい世界を引き寄せることができる。

一方、過激で攻撃的な発信をしている人は、似たような仲間ができる。良くも悪くも、自分がどういう交流をしたいかによって、使い方を選ぶことができるのがSNSなのです。

不安や恐怖を煽るだけの情報ばかりを発信していると、同じく、不安や恐怖を煽られるような情報が集まってくる。だから僕自身は、そうした情報はなるべく発信しないようにしています。

事実を伝えたいときは「形容詞」を避ける

発信するときは、この場でどんな相手に、どんなことを伝えたいか、ある程度情報を整理し、組み立ててから伝えてみるのもいいと思います。

僕も、たとえばテレビ番組でウクライナ戦争について話してほしいとオファーをもらったら、1分くらいの短い時間で的確に話せるように、事前に取材内容を振り返って要点を整理します。

僕が見てきたもの、得た情報を、短いキーワードで伝える。戦場や国際情勢について話すときは、形容詞はあまり使わずに。

「恐ろしい」「むごい」など、人によって受け取り方がまちまちな表現になる形容詞を使うと、伝えたいことが少し「とろける」ような感覚があります。事実をしっかり伝えたいときは、あいまいな言葉は使わず、カチッ、カチッと状況が捉えられるような端的な伝え方を心がけています。

適切な伝え方は、発信したい内容や、発信する場所によって変わるはずです。

発信力は自分を守る武器にもなる

僕は、発信力とは自分を守ってくれる武器になるものだと考えています。育った場所や文化が違って、どう関わっていいのかわからない相手でも、まず自分について知ってもらうことで、仲良くできるチャンスが生まれる。

「私はこういう者です。こんなものが好きです」とジャンルを問わず発信してみると、それに共感してくれる人が自分の存在を受け止めてくれる。仲良くなれるかな、と不安に思った相手でも、案外自分についてちゃんと知ってもらうことで、トラブルを防げたり、親しくなれたりすることもあります。

発信とは決して攻撃的な力ではなく、合気道のように自分や相手を受け止めていくものだと僕は感じます。自分を知ってもらうということは、自分を守る力にもなるはずです。

「好き」を追求すると道が開ける

今、日本でも仕事や家庭といった居場所がなく、孤立状態に陥っている若者が大勢いるといわれています。なかなか安定した職に就くことができず、日雇いの仕事で食いつないでいる人たち。ネットカフェで寝泊まりして暮らしている人もいるでしょう。そこから抜け出して、世界と「つながる」にはどうすればいいのでしょうか。

自分の「好き」を追求していくと、意外と道が開けることがある。これは僕自身の経験から見出した、貧しさや孤独からの抜け出し方です。

駆け出しのカメラマン時代、僕も貧しい日々を送っていました。写真を新聞社や雑誌社に持ち込んでも、一枚も使ってもらえず、写真家としては収入を得られない「自称」フリーランスの戦場カメラマン。生活のために、港で日雇いの仕事をしていました。港の倉庫で、ひたすらバナナを積み込む。わずかな日当をもらって、また次の日も日雇いの仕事へ。非正規の仕事で、人とのつながりもなかなか得られず、体力の限界も近づいていました。

そのときに僕が考えたのは、「日雇いで稼いだお金を何に使えば、僕にとって一番いい使い方になるだろう？」ということでした。一日バナナを積み込んで、日当が約7000円。寝床と食費、娯楽に使ったら、すぐに消えてしまう金額です。

そこで僕は、自分が一番好きで、得意なところにお金を集中して使うことにしました。

当時の僕にとってそれは、訪れたことのない世界の国々を回り、写真を撮ることでした。それ以外のこと、たとえば日々の食費などはできる限り削りました。そのかわりに、東京から安く、一番遠い場所に行ける格安航空券を探すこと、それを購入できるだけのお金を稼ぐことに、意識を集中したのです。

何日か日雇いの仕事をすると、一番安い航空券でアフリカまで行って戻ってくることができるだけのお金が貯まりました。それを買って、アフリカに向かい、何日か滞在して戻ってきたら、また一番安い航空券の情報を探しながら、日雇いの仕事を続ける。これを繰り返したのです。

自分の「好き」にお金や力を集中させていると、思わぬ良いことがありました。

格安の航空券を探しているときに、自分と同じような「好き」を持っているカメラマンやジャーナリストと知り合うことができたのです。だいたいの人が僕と同じようにお金を持っておらず、日雇いの仕事をしていました。仲良くなると、格安航空券の情報だけではなく、「同じ日雇いの仕事をするなら、バナナの積み込みよりもキウイの積み込みのほうが、賃金が高い」なんて具体的な情報を教えてもらえることもありました。

僕も、人から話しかけてもらえるのを待っているのではなく、自分から情報を共有するようになっていきました。「あそこに行くと、もう少し安いチケットが手に入りますよ」と自分から情報を出す。自分から話しかける。

それも、自分が好きで得意なジャンルに関連する情報を提供していると、僕と似たような境遇の人や戦場の取材をしている人、世界各地を飛び回るカメラマンなどとのつながりが得られたのです。

自分から話しかけることでつながりが生まれる

日雇いで貯めたお金のほとんどは渡航費に消えてしまうので、宿泊費にそこまでお金をかけることはできませんでした。バックパッカーが集う安宿に泊まるのが常でしたが、そこには僕と同じ、一人で旅をしている若者たちが世界各国から集まっていました。

一見するとそうでもないのですが、話しかけてみると、みんなひとりぼっちで「孤立」の感覚を持っている人たちばかりでした。だから、僕が「そのバックパックは、何リットルのサイズ?」「その靴は登山用?」「今、きみが着ているシャツ、いいね」などと話しかけてみると、ふわっと雰囲気が柔らかくなって、会話が始まることが多かったのです。

自分から話しかけるのは勇気がいります。第一印象でちょっと怖そうだな……と思う相手もいるでしょう。でも「ハロー」と挨拶するだけで終わらせず、具体的な問いかけをしたり、ちょっとしたことを話しかけてみる。そこで会話を遮断されたら、ああ話したくないんだな、と引けばいい。向こうから何か問いかけが返ってきたり、会話が弾んだりしたら、そのつながりを楽しむ。

若い頃よく利用したゲストハウスでは、話しかけると、喜んでくれる人のほうが多かったような気がします。自分以外の人も、ひとりぼっちで寂しい思いをしていたのかなと今では思います。

自分の好きなこと、興味のあるジャンルをオープンにしながら話しかけてみると、案外簡単に、同じような境遇の人とつながることができました。似たようなことにアンテナを張っている友達ができると、お互いに有益な情報を手に入れる機会が生まれます。

ちょっとした友達の輪がきっかけで、どんどん積極的になって、**「自分はこれが好きなんだな」「自分はこっちの方向でがんばってみよう」と、社会とつながる入り口が見えてくることがあります。**

今まさに仕事がなくて、友達や頼れる知り合いもいない、そんな日々の出口が見えない人がいたら、ぜひ、日雇いであっても働いて、手にしたいくばくかのお金や自分の時間をどこに集中させて使うと一番いいかなと、自分の好きなものや得意なことについて考えてみてください。

好きなことを通じてつながりをつくっていく。その一歩が、孤立から脱出する出口になるのではないでしょうか。

世界とつながる一歩は、自分の部屋の外に出ること

特に、今安定した仕事がない人の中には、家にこもりがちになっている人もいるかもしれません。僕も日雇いの仕事をしていたとき、一度家に閉じこもるリズムができると、なかなか外に出ていきにくくなった経験があるので、よくわかります。

でも、家の外に出ていくと新たな気づきがあります。自分と同じ境遇の人がいるんだと気づいたり、気持ちのいい天気や季節を感じて晴れやかな気持ちになったりしま

す。

僕が戦場カメラマンとして、外国に行くたびに感じるのは、体を動かすだけで気持ちが研ぎ澄まされていくことです。よく、体を動かすといいアイデアが浮かぶと言いますが、あえて一駅分歩いてみるだけでも、自分の思考がすっきりと整理されて、前向きな気持ちになる。みなさんにもそんな経験があるのではないでしょうか。

「世界とつながるためにできること」というと、なんだか大仰で難しそうですが、僕は**「自分の部屋の外に出て歩いてみる」——たったそれだけのことでも、世界とつながる一歩になる**と信じています。

外に出ると気分が晴れる。体を動かして働いてみると、自分の好きなことにつながるチャンスが生まれる。小さな一歩一歩の積み重ねで、意外にも広い世界へとつながっていくことがあるのです。

「好き」で世界中の人とつながれる

僕も今、自分の「好き」で世界とつながっています。それは世界情勢に触れること。写真の形で記録に残すこと。世界の国々を回り、それぞれの国の人たちと話すこと。そして自分が見て、聞いて、触れたことを、人に伝えることです。

戦場の情報を集めたり調べたりするのには時間や手間がかかるものですが、僕は自分が「好き」だから続けることができています。

もし僕が会社員で、自分の意志ではなく特派員として海外の支局に派遣されて、毎日原稿を5000字書いてあげろと言われたら、続かないかもしれませんね。自分で「これが好きだから、仕事にしよう」と決めて、納得してやっていることが、継続のための力になっています。

知ること、伝えることが好きだから、日々試行錯誤する。自分で原稿を読み返して気づくこともあれば、人から指摘されて自分の癖を知ることもある。そうした学びの根っこには、やはり自分の「好き」「知りたい」「伝えたい」という気持ちがあるのです。

熱中の先につながりがある

日本にいながら、世界のさまざまな人たちとつながる方法はたくさんあります。そのための一歩目は、みなさん一人ひとりが「本当はこれが好き」「ちょっと興味がある」「やってみたかった」と思うことを、どんどんやってみることです。

マンガでも、映画でも、ファッションでも、グルメでも、自転車でも、釣りでも、写真でも、どんなジャンルでもかまいません。自分が大好きだと思うことに熱中していくと、理屈抜きで、自分の持っている感覚と同じような感覚を持っている人と、必ずつながります。

時間がかかったとしても、自分の取り組みやすいスタイルを見つけて、熱中できることに身を投じてみる。その先に、あなたが世界とつながる瞬間があるはずです。

戦争のニュースを通じてウクライナに興味を持った方もいるはずです。今度は、あなたの「好き」や「知りたい」を入り口に、ぜひウクライナとつながってみてください。

堅苦しいテーマでなくていいのです。ウクライナのファッション、グルメ、歴史、テレビや映画、コメディなど、何でも。

自分の「好き」から始めると、肩の力を抜いて、世界の人々を知ることができる。そして、始まりは小さな一歩でも、コツコツと続けていくうちにウクライナ人の友達ができるかもしれない。同じものを応援する仲間ができるかもしれない。

「今、ウクライナのために何ができるだろう」「平和のために私にできることは何か」と考えるのも、もちろん大事なことです。ただ、その前に**世界を知り、世界とつながる入り口は案外近くにある**。あなたの「好き」は必ず、世界とつながる力になるということを、ぜひ知っておいてください。

募金箱に入れたお金は戦場に届いているのか？

もう少し直接的に戦場とつながり、支援する方法として募金があります。募金については、「募金箱に入れた私のお金は、本当に戦災を受けて苦しんでいる人に届いているのか？」と疑う声もあるかもしれません。

実際、僕も疑問に思い、募金で集められたお金の流れを、カメラマンとして追跡したことがありました。すると、そのときに調査した募金活動では、実際に日本からお金が海を渡り、アフリカのジャングルに暮らす子どもたちの制服に変わってしっかりと届けられていたことを証明することができました。それ以降、僕は自分の目で見て確認できたことで、よりいっそう、募金に対して積極的になりました。

ただし、中にはお金の流れが不透明な募金活動もあります。特に政情が不安定な国では、地域の権力者が募金で集められたお金の一部を抜き取ってしまうことは、実際かなりあります。残念ではありますが、政情が不安定な地域の国の実態として、そういうことがあると知っておくのは大切なことです。民主主義国家の中では「正しいことは当たり前に行われる」と思われていても、それが通じない環境で生きている人たちもたくさんいるのです。

そうした横暴をはたらく権力者のところにお金が渡らないように、信頼できる募金団体かどうか調べておくのも大事です。国際的な団体が運営している募金団体であるかどうかは一つの判断材料となります。また、お金の流れを管理する人がいる、あるいは誰かが監視していて、きちんと支援が届いたかどうか報告があげられていることがわかれば、募金箱にお金を入れるときの判断の支えになってくれるでしょう。

日本でも徐々に、ボランティアや募金といった活動が広まっているところです。特に若者がさまざまなアクションを起こしています。不正にお金を奪ってやろうと考えているような団体は、どちらかというと少数派のはずです。ただ、実際に存在はする。その事実は知っておくべきです。

また、最近では、ソーシャルビジネスという考え方も広がりはじめています。社会課題をビジネスの手法で解決することです。社会のために、自分たちができることをやろう。そして同時に、利益もしっかりと確保する。そして、誰しもが平和に、豊かに過ごせる国をつくっていこうという考え方です。

近年、財務情報だけでなく環境や社会に配慮しているかどうかの視点を取り入れて会社に投資するESG投資といったキーワードとともに、このソーシャルビジネスの考え方が広まってきています。その原点は、古くから世界各国に根付いている宗教心に通じていると思います。

つまり、さまざまな人たちが共に暮らしながら、持っている人が持っていない人に対してできることをしてあげたり、困っていることを解決してあげたりする。誰もが共に生きているという考え方は、今に始まったものではなく、古くから人々の暮らしを支えてきたものなのです。

新しいムーブメントというよりは、世界の人々が共に生きていくための土台づくりに、再び注目が集まってきたという感覚で僕は見ています。

この章で考えたいこと

Q あなたの興味のあることや好きなことは何ですか？

6章

日本の
現在地点を知る

東日本大震災直後　岩手県陸前高田から広田への道が閉ざされた

これまでの章では、僕たちが平和のためにできることを考えてきました。
本書の最後の章では、僕たちが暮らす日本に視点を移していきましょう。世界から見た日本、被災した日本という観点から、平和について考えていきたいと思います。

「奇跡の国、日本」であり続けるのは難しい

長年、世界のさまざまな国に足を運んでいて、「日本に興味がある」「日本に行ってみたい」と語る大勢の人たちに出会いました。中には、「日本はかつて激しい戦争をしていて、広島と長崎で大きな悲劇もあった。それからわずかな時間で、どうしてここまで変わることができたのかを知りたい」といった視点で、日本に興味を持っている人もいました。

世界のさまざまな国で、紛争やテロが起きている。それなのに世界地図の上ではとても小さな島国である日本が、敗戦後、奇跡のように平和な国になり、経済や文化で他国を圧倒した。世界から見ると、日本は長年「奇跡の国、ジパング」だったのでし

ょう。

でも、すでに日本は「奇跡の国」であり続けるのが難しい局面に入っています。日本でも、孤立した若者が政治家に向かってテロを起こす事件が起きはじめている。

さらに世界を見ると、2章でも話ししたように、もはや一国だけでは自分たちの国を守ることができなくなっており、軍事同盟を組みながら、強い力を抑止力にしてバランスを取っていく動きが加速しています。

今はバランスが取れていても、ある瞬間、一線を越えてしまうことがないとは言えません。これまで虐げられてきた国や人々が立ち上がり、声を上げる動きが起きるかもしれない。ソ連時代から強力な権力を持った一部の人たちが権限を独占していたウクライナで、国民が自由のために声を上げたことが、ウクライナ戦争へとつながっていった。似たようなことが、今後何かしらの形で起きることは容易に予想がつきます。

こうした世界情勢の中で、日本だけが戦争と無関係でいるというのはもはや現実的ではないはずです。

実際に日本では、近年、憲法改正をめぐる議論が交わされています。これに対して、「憲法改正をしたら、日本も戦争をする国になるのではないか」といった反対の声も大きく上がっています。

グレーゾーンの中のつば迫り合い。白黒つけない日本の持ち味

僕は日本が持っている一番の得意技は、白黒はっきりつけるのではなく、明確な答えを出さないグレーゾーンの立ち位置を守ることだと考えています。

憲法解釈を変えて、集団的自衛権の行使を可能にする。しかし、戦争を経験した国家として平和主義を掲げている。さまざまな矛盾を抱えながら、国会で議論を戦わせつつ、「戦う国」「戦わない国」の白黒を決してつけずに、揺れながら、グレーな状態を守っている。

世界各国は仮想敵国を共有する国同士で軍事同盟を組み、「仮想敵国が動きだしてきたときには守り合いましょう」と、お互いの力を抑止力にすることでパワーバランスを保っています。日本にはアメリカ軍が駐留していて、日米安全保障条約がひとつの盾になっています。日本とアメリカ、共通の仮想敵国としては、中国や北朝鮮が挙げられるでしょう。

もし今、それらの国が日本にいきなり攻撃を仕掛けてくれば、アメリカが必ず動いてくる。そうすると、アメリカと軍事同盟を結ぶ他の国も動く。すると、かつての大戦のような大規模な対立構造になってしまう。

このように、仮想敵国には「日本の後ろにはアメリカがいるから、うかつに攻撃できない」と抑止力が働いているので、今のところは軍事同盟の戦術が効いていると言えます。

軍事同盟の力は借りる。ただし、一線は越えない。一線を越えてしまってはもう止められなくなるので、そこは日本の外交の強みを生かして、イエスでもノーでもないギリギリのラインを保っていく。

かつて「The Thin Red Line（ザ・シン・レッド・ライン）」というタイトルの、アメリカの戦争映画がありました。越えてはいけない一線を意味する「レッド・ライン」に、薄い・細いといった意味の「シン」をつけて「本当に越えてはならないギリギリの場所、最後の境界線」を表す言葉です。

その「シン・レッド・ライン」をギリギリ越えない場所で揺れ動きながら、大戦のスイッチは押さない。そんなやり方は、世界から見ると実に日本らしいと見られていることでしょう。その「どっちつかず」な姿勢こそ、日本の強みだと僕は思うのです。

これから国際情勢はさまざまに動くことが予想されます。戦争は偶発的に起きるものので、まさか起きるはずがないと思っていても、気づいたら巻き込まれていることが多いものです。

たとえ日本で戦争が起きなくても、台湾や北朝鮮で戦争が起きた場合、大量の難民が日本に押し寄せてくることも考えられます。日本国内で大きく意見が割れたり、国内での衝突が激化したりすることをきっかけに、極端な考え方を持ったテロリストが日本に登場する可能性もゼロではないはずです。

それでも、日本はこれからも変わらず得意技を生かしながら、白黒はっきりした答えを見せずに、グレーゾーンの中でバランスを保っていくのではないでしょうか。自民党が強い政権を保ち続ければ、将来的には憲法が改正される可能性も十分にあるでしょう。ただ、仮に改正されたとしても、その日から戦争をする国に一気に変わることはないはずです。

次の「新しいグレーゾーン」が始まる。新たな解釈を重ねて、諸外国の中で「シン・レッド・ライン」をギリギリ越えないグレーゾーンの立ち位置を模索していく。日本は本能的にそういったスタイルを好み、求めていくのではないでしょうか。

「正しい」を疑え

仮想敵国を明確にした地域同盟の動きが加速する一方で、個人間では国と国の壁がどんどんなくなっています。インターネット上では、仕事や趣味を通じてさまざまな国の人たちがつながっている様子が見られます。

オンラインでのミーティング環境が整い、自動翻訳技術も向上しているので、もはや地球のどこにいても、誰とでも一緒に仕事ができる。言葉や文化、宗教も超えて、簡単に人々がつながれる。

そうした若い世代の人たちの感覚や、新しいビジネスのあり方に僕は期待しています。自国だけで閉じられない時代、多様性が増していく環境下で、「日本人がもともと持っていた利益を守ろう」「日本での生活が脅かされるかもしれないから排除しよう」といった考え方とはまるで発想の異なる、オンライン上での新たな共創の仕方、新しい利益配分の方法を考えていってほしい。

自分たちの立場を白黒はっきりつけずに、対立関係をつくるのではなく、柔らかく多様性を受け入れていく。

そのための条件として、僕が大切だと思う考えが「『正しい』を疑え」です。

自分たちが「正しい」と思うことは、視点を変えても本当に「正しい」だろうか？一歩引いてみて、自分が「正しい」と考える理由に、一方的な立場から決めつけているることがないかを考えてみる。正しさを強く押しつけて誰かの悲しみを生んでいないいかと、冷静に振り返ってみる。これは今後いっそう大切になると考えています。

東日本大震災の被災地で見た光景

ウクライナ戦争が続く今、世界情勢はまだまだ揺れ動いています。住む場所を奪われ、戦火を逃れて避難し、家族と離れて暮らすしかない人たちが今もたくさんいます。それでも、戦況が落ち着いてくると、生まれた街へと帰っていく人の姿も見られます。爆撃されて無惨にも破壊された街。家を失い、住む場所をなくした人たち。それでも彼らは帰るのです。

その姿を見ていて思い出すのは、２０１１年3月11日に日本で起きた東日本大震災です。僕は震災直後、岩手県でも被害の大きかった陸前高田へと取材に向かいました。そして今も定期的に取材で訪れています。

これが震災直後、２０１１年の陸前高田で撮影した一枚です。

東日本大震災直後の陸前高田で撮影した一枚

僕は目の前の光景を見て、ただ立ち尽くすことしかできませんでした。何もかもが津波によって流されてしまっていた。家もお店も車も流され、破壊され、街は色を失い黒い色をしていました。

続いて2018年に、同じ陸前高田のエリアで撮影した次のページの写真を見てください。

街を覆い尽くしていた瓦礫《がれき》はすっかりなくなって、きれいになっています。海につながる広い道ができて、電柱も立っていました。

206ページの写真のようにおしゃれなショッピングモールもできました。飲食店も増えて、見た目にはとても美しい街になりました。

それでもアパートには、まだ空室が多いといいます。若いご家族の中には、震災以降東北の都市部に移り住んだ方も多いそうです。でも、高齢の方はほとんどが「生まれ故郷で暮らしたい」と戻ってきていました。

震災で家を流されただけではなく、自分が経営していたお店も流されてしまった方もいました。それでも多額の借金をして、お店を再び立ち上げているのです。

2018年陸前高田で撮影

2018年陸前高田のショッピングモール

戦争と震災の現場で重なる悲しみと愛情

「やっぱり故郷で暮らしたい」

震災後、何十回と東北の地に足を運びながら目にする人々の表情や語る言葉に、イラクやシリアで僕が見てきた光景が重なる瞬間がありました。

戦争や震災で、ある日突然住む場所を奪われた人たち。彼らの多くが「生まれた街が好きで、大切にしたい」「一緒に暮らす家族や、地域のみんなが大好きだから、またここに戻ってくる」と言います。

戦争や震災からの復興を、家族や、生まれてからずっと一緒に暮らしてきた人たちへの愛情が支えているのです。

僕は東北の取材に行くときは、カメラを構えて仰々しくインタビューするのではなく、一緒に暮らすように日常に触れたいと思っています。早朝の市場に一緒に行ったり、一緒にご飯を食べたりしながら話をしていると、そこにある柔らかな日常を知ることができます。すると、そこに暮らしている人たちを身近に感じて、大好きになっていく。これは東北に限らず、世界各地での取材でも同じです。

そうした何気ない会話の中で、東北に生きる方たちがよくおっしゃっていたこと。それは「津波てんでんこ」という言葉でした。

繰り返し大きな津波に襲われている東北、特に海に近い三陸地域では、古くから「津波てんでんこ」という言葉が親から子へと言い伝えられてきた。津波が来たら、いち早くてんでんばらばらに高台に逃げろという意味の教訓です。

家族が一緒に逃げようとするのではなく、自分ひとりだけでも逃げろ。東北の方々の、生き延びるための合い言葉。そこには自然の脅威に向き合いながら日々を暮らし、命を継いできた人たちの教訓がありました。

東日本大震災から10年以上が経ちました。震災当時小学生だった子が、今会いにいくともう立派な大人になっていて、経過した時間の長さを実感させられます。それだけ経ってもなお、三陸地域にはいまだ雇用が不安定な現状や、津波によって海の生態系が変化し、漁業にも影響が出ていることなど、さまざまな問題があります。復興の難しさをただ痛感します。

戦争ではないけれど、戦争のように大きな悲しみが襲い、そこから立ちあがろうとしている地域が日本にもあるということを、僕はたくさんの人に伝えていきたいと考えています。

戦争と震災の現場。そこに生きる人たちの、ある日、突然暮らしが奪われる悲しみの光景には重なるものがありました。

それと同時に、家族や地域の人たちが寄り添って、寛容な心を持ちながら危機を乗り越えていく姿もまた、共通していると感じたものです。

危機の中でも日常は続いていく。そのとき支え合った絆は、きっと一生忘れられないものになるのでしょう。戦場や被災地という場所では、身近な人の温かさが、心の傷をいやし救ってくれるのだと思います。

この章で考えたいこと

Q これまで、誰かに正しさを押しつけてしまったことはありますか？
あなたは、押しつけられたことはありますか？

おわりに

戦争という日常を家族で支え合いながら生きる

僕が世界のさまざまな戦場や、日本の被災地で見てきた光景。それは、理不尽に住む場所を奪われた人たちが、家族で支え合う姿でした。

最後に、僕の約30年間にわたる取材の原点であり、大きな転機となった出来事についてお話ししたいと思います。

それはイラク戦争でした。当時、僕は取材のためにイラクに入り、現地でガイドをお願いしていた男性と、取材期間中一緒に生活をさせてもらっていました。

イラクの人たちはみな親切で、家族をとても大切にしていました。現地での暮らしを通じて、イラク人の友達がたくさんできました。

僕はその友達を通じて、イラク戦争下で生きる家族の姿を目の当たりにしたのです。子どもたちを守ろうとする両親の姿。お父さんやお母さんを大切に思う子どもたちの姿。親子が優しく寄り添い、ささやかな日々の幸せを慈しんでいる姿。特に、僕と同世代のお父さんが、残虐な戦争が起きるイラクの地で、家族みんなの命を守ろうとする必死な様子に、僕は心を打たれました。

イラクの人たちは、家族に対する愛情表現がストレートです。お互いを思いやっている気持ちが、外国人の僕にもまっすぐに伝わってきました。

その頃独身で、まだ若かった僕は、戦場での取材に夢中でした。時には自分の危険をも顧みない、無茶な取材もしていたように思います。

でも、イラク戦争下で支え合う家族の絆を見たときに、考えが変わりました。何よりも家族を大事に思い、家族のために自分を生かす人たちへ、心からリスペクトの気持ちが湧き上がってきたのです。

戦場という悲しい状況下にあって、家族みんなで暮らすことができる幸せを彼らは知っていました。だから、理屈抜きに子どもを怒鳴り散らすようなことはしません。時間が許す限り、家族と一緒に過ごすことを大切にしていました。

一方、平和な日本では仕事が第一で、家族は二の次になっている人も多いかもしれません。僕もそれまで、仕事が一番大切でした。でもイラクの人たちは、迷わず家族を一番に考えています。

だから戦争下にもかかわらず、家族みんなで集まる場所には、いつも満面の笑みがありました。温かくて優しくて、それを見ていたら、自然と僕もそんな家庭を築きたいと憧れるようになりました。

そうして僕は、イラク戦争以降、戦場カメラマンとして、戦場に生きる家族の姿を撮影することに力を注いできました。僕自身は2009年に結婚し、その後子どもを授かりましたが、今では家族で暮らす時間が僕にとって一番幸せな時間となりました。

どんなに過酷な状況に置かれても、最後に生きる支えとなるのは、家族だということ。家族でいる時間が、何よりの幸せになること。

これが、戦場で生きる人たちから、僕が教えてもらったことです。

世界では今日もさまざまな衝突が起きています。国境、民族、宗教、貧困、生きるための奪い合い。

そうした線引きが存在しない、世界共通の光景こそが、家族が寄り添い、共に暮らす姿です。家族がいるから、今日を、明日を生き延びることができる。

そうした優しい日々を大切にすること。家族を愛すること。これが平和のために僕たちができる、大切な一歩になる。

そう僕は信じて、これからも世界中の家族の姿を撮影していきます。

晴れ、そしてミサイル

発行日　2023年10月20日　第1刷

Author　渡部陽一
Book Designer　新井大輔
Publication　株式会社ディスカヴァー・トゥエンティワン
〒102-0093　東京都千代田区平河町2-16-1 平河町森タワー11F
TEL　03-3237-8321(代表) 03-3237-8345(営業) ／ FAX　03-3237-8323
https://d21.co.jp/
Publisher　谷口奈緒美
Editor　三谷祐一　伊東佑真　(編集協力：塚田 智恵美)

Digital Publishing Company
飯田智樹　塩川和真　蛯原昇　古矢薫　山中麻吏
佐藤昌幸　青木翔平　小田木もも　工藤奈津子　松ノ下直輝
八木眸　鈴木雄大　藤井多穂子　伊藤香　鈴木洋子

Online Store & Rights Company
川島理　庄司知世　杉田彰子　阿知波淳平　王廳　大﨑双葉
近江花渚　仙田彩歌　滝口景太郎　田山礼真　宮田有利子　三輪真也
古川菜津子　中島美保　石橋佐知子　金野美穂　西村亜希子

Publishing Company
大山聡子　小田孝文　大竹朝子　藤田浩芳　三谷祐一　小関勝則　千葉正幸
磯部隆　伊東佑真　榎本明日香　大田原恵美　志摩麻衣　副島杏南　舘瑞恵
野村美空　橋本莉奈　原典宏　星野悠果　牧野類　村尾純司　元木優子
安永姫菜　小石亜季　高原未来子　浅野目七重　伊藤由美　蛯原華恵　林佳菜

Digital Innovation Company
大星多聞　森谷真一　中島俊平　馮東平　青木涼馬　宇賀神実
小野航平　佐藤サラ圭　佐藤淳基　津野主揮　中西花　西川なつか
野﨑竜海　野中保奈美　林秀樹　林秀規　廣内悠理　山田諭志
斎藤悠人　中澤泰宏　福田章平　井澤徳子　小山怜那　葛目美枝子
神日登美　千葉潤子　波塚みなみ　藤井かおり　町田加奈子

Headquarters
田中亜紀　井筒浩　井上竜之介　奥田千晶　久保裕子　福永友紀
池田望　齋藤朋子　俵敬子　宮下祥子　丸山香織

Proofreader　株式会社鷗来堂
DTP　株式会社 RUHIA
Printing　中央精版印刷株式会社

ISBN978-4-7993-2980-1
HARE SOSHITE MISSILE by Yoichi Watanabe